AF447242

RESUME

Actuellement, le génie civil est peu consommateur de matériaux composites comparativement à d'autres secteurs tels que l'industrie de l'automobile ou celle de l'aérospatiale. Cependant, il existe de réelles perspectives dans les prochaines années quant à leur utilisation structurelle pour la réhabilitation de constructions civiles et industrielles.

Les multiples recherches effectuées sur l'utilisation des matériaux composites comme méthode de renforcement et de réhabilitation des structures en béton armé, ont montré que l'application de tissus ou lamelles en polymère renforcé en fibre de carbone (PRFC) est une alternative intéressante aux méthodes de réparations conventionnelles.

Parmi ces nouveaux procédés de renforcement par PRFC, on trouve le procédé NSMR ("Near Surface Monted Reinforcement") qui consiste à introduire les lamelles de PRFC dans des engravures effectuées dans le béton de l'élément à renforcer afin d'optimiser l'exploitation des caractéristiques mécaniques des PRFC au profit d'un renforcement plus efficace des structures en béton armé.

Le développement de ce procédé et son utilisation dans le renforcement des structures nécessite un accompagnement par le développement des logiciels informatiques qui aident les chercheurs dans leur travail sur ce genre de structures renforcées.

Ainsi, après une synthèse bibliographique laborieuse, on a regroupé les travaux de recherche sur le procédé NSMR dans une base de données accessible, dynamique et authentique, pour favoriser le rapprochement entre le chercheur et la source d'information.

Par conséquent, on a opté pour le développement du logiciel informatique « GEBD- NSM » par le langage Borland Delphi, ce logiciel assure la gestion et l'exploitation de la base de données de recherches effectuées sur le sujet du renforcement, par PRF selon la technique NSM, des poutres en béton armé fléchies.

SOMMAIRE

CHAPITRE I : LES MATERIAUX COMPOSITES COMME SOLUSIONS DE RENFORCEMENT STRUCTURELS

CHAPITRE II : CARACTERISTIQUES ET PROPRIETES DES MATERIAUX COMPOSITES ET LEURS CONSTITUANTS

CHAPITRE III : SYNTHESE BIBLIOGRAPHIQUE SUR LA TECHNIQUE NSM

CHAPITRE IV : PRESENTATION DE LA BASE DE DONNEES DE RECHERCHE ET DU LOGICIEL DE GESTION GEBD-NSM

CHAPITRE V : FONCTIONNEMENT DU LOGICIEL GEBD-NSM

REFERENCES BIBLIOGRAPHIQUES

LISTE DES TABLEAUX

*INTRODUCTION
GENERALE*

INTRODUCTION GENERALE

La maintenance des ouvrages de génie civil consiste à les protéger en assurant une meilleur étanchéité ou en limitant la corrosion, à les réparer en cherchant à compenser les pertes de rigidité ou de résistance dues à la fissuration, à les renforcer en améliorant leurs performances et leur durabilité. C'est un problème de plus en plus préoccupant dans la mesure où le cout des ouvrages neufs est de plus en plus élevé et les conditions de réparation de plus en plus difficiles. Si une structure est bien conçue et correctement exécutée, elle n'aura besoin d'aucun renforcement au moment de sa mise en service. Cependant, suite à des erreurs dans le projet ou dans l'exécution, ou suite à diverses circonstances lors de la vie en service, des renforts peuvent s'avérer nécessaires.

Dans le domaine de la construction, il existe de nombreuses procédures de renforcement ou de réparation des structures :

- L'augmentation de la section en béton avec ou sans addition d'armatures en acier,
- L'Amélioration des structures par précontrainte extérieure,
- L'Adjonction et collage de platines en acier,
- L'Adjonction et collage de lamelles, joncs, bandes ou tissus de matériaux composites. Le concept est le même que dans le cas précédent, à la différence que l'élément résistant incorporé est fait de matériaux composites (habituellement à base de résine époxy et de fibres de carbone, fibres de verre ou d'aramide)

Le génie civil est actuellement peu consommateur de matériaux composites comparativement à d'autres secteurs tels que l'industrie de l'automobile ou celle de l'aérospatiale. Cependant, il existe de réelles perspectives dans les prochaines années quant à leur utilisation structurelle pour la réhabilitation de constructions civiles et industrielles.

Les matériaux composites peuvent être plus forts et plus rigides que les matériaux de construction traditionnelles. Comme résultat, les composites peuvent devenir plus attractifs lorsque le poids de la construction est un souci.

Le dimensionnement des structures en béton armé renforcées avec des matériaux composites PRF ne peut pas suivre les méthodes existantes pour le béton armé classique, en assimilant, tous simplement le PRF à un renforcement en acier équivalent. Donc ces méthodes ont besoin d'être modifiées pour prendre le comportement fragile des PRF en considération en se basant sur des recherches poussées.

Le comportement en flexion des poutres en béton armé est un phénomène complexe dans la mesure où plusieurs paramètres l'influencent et différentes modes de rupture sont observées. Avec l'ajout du renfort en PRF-NSM, d'autres paramètres d'influence liés aux matériaux composites vont alors s'ajouter. Ces nouveaux paramètres engendrent l'apparition des modes de rupture additionnelles, ce qui rend la problématique de la flexion des poutres en béton armé plus complexe.

L'analyse d'une partie des résultats de certains travaux de recherches expérimentales, a permis l'élaboration des méthodes semi-empiriques utilisées pour le dimensionnement des structures renforcées, toutefois, plusieurs lacunes entourent ces méthodes qui doivent être améliorées par des recherches plus poussées.

La présente étude s'inscrit dans le cadre de la recherche portant sur le comportement des poutres en béton armé renforcées en flexion par des matériaux composites suivant la technique NSM, menée depuis plusieurs années par des chercheurs à travers le monde. L'étude consiste à monter une base de données de recherches effectuées sur le renforcement des poutres en flexion par des PRF-NSM. Cette base de données sera une source précieuse et indispensable pour l'élaboration de modèles analytiques de prédiction, et à l'amélioration des méthodes de dimensionnent et leur fondement scientifique.

<u>Objectif et contenu de la thèse</u>

La diversité des travaux de recherche sur le renforcement des poutres en flexion par les matériaux composites, constitue la source principale de motivation pour le développement d'un outil informatique (logiciel) qui regroupe ces travaux de recherche et facilite l'accès à l'information, assure la gestion et l'exploitation des données expérimentales relatives à cette technique de renforcement. Par conséquent, l'objectif principal de cette étude est le développement de cet outil qui va intégrer divers modules, allant de la simple mise à jour de la base de données à la comparaison des résultats expérimentaux aux prédictions théoriques issues de l'application des méthodes de calcul analytiques, et mettre cet outil à la disposition des chercheurs œuvrant dans ce domaine.

La présente thèse est structurée en 05 chapitres :

- Après une introduction générale, on expose dans le 1er chapitre les matériaux composites comme solution de renforcement structurel.
- Dans le second chapitre, on présente les caractéristiques et les propriétés des matériaux composites et leurs constituants.
- Le 3ème chapitre contient une synthèse bibliographique sur la technique NSM.
- La présentation de la base de données et le logiciel de gestion est détaillée dans le 4ème chapitre.
- Le dernier chapitre contient le fonctionnement du logiciel GEBD-NSM.
- On termine par des conclusions et des perspectives.

CHAPITRE I :

*MATERIAUX COMPOSITES COMME
SOLUTIONS DE RENFORCEMENT
STRUCTURELS*

1. INTRODUCTION :

Les matériaux composites sont utilisés par l'homme depuis des millénaires dans le domaine de la construction. Le pisé de paille et d'argile est un des plus anciens matériaux dont l'idée première est exactement celle des composites : exploiter la résistance à la rupture des fibres, en laissant à une matrice de « qualité mécanique » inférieure le soin de maintenir ces fibres dans la forme voulue. Si depuis longtemps de nombreux matériaux dits nouveaux tels que les composites ont été inventés et testés, leurs utilisations sont restées longtemps limitées aux applications militaires, à la conquête spatiale ou à l'industrie aéronautique. Parmi les raisons qui ont poussé l'utilisation des matériaux composites dans le domaine de la construction, on cite :

- Des raisons **techniques** : dans le domaine du génie civil, les ouvrages d'art construits depuis des décennies sont de plus en plus sollicités par le développement des transports de fret. Par exemple, en Europe, à partir de 1999, tous les ouvrages d'art devront être capables de supporter des camions de 40 tonnes ;

- Des raisons **climatiques** : dans tous les pays du monde, les routes et les ouvrages d'art doivent être disponibles toute l'année. Pour beaucoup de pays, cela sous-entend le dégivrage en période hivernale, par l'épandage d'énormes quantités de sels qui engendrent la corrosion des aciers et la pollution des nappes phréatiques ;

- Des raisons **architecturales** : dans le domaine de la construction, les architectes sont toujours à la recherche de matériaux mécaniquement plus performants pour limiter les surfaces porteuses et donner libre cours à leur imagination dans la forme des bâtiments, ils cherchent également à augmenter les surfaces vitrées afin de libérer nos habitations du confinement de l'espace.

Dans le domaine du génie civil, une phase de consolidation a succédé à la période 1950-1980. La construction en masse d'ouvrages d'art, de grands immeubles et d'installations industrielles, a laissé place à des opérations de maintenance qui, souvent, se traduisent par la nécessité de renforcement des structures. Qu'il s'agisse de réparations à la suite de désordres ou de simple mise en conformité avec des codes de plus en plus exigeants, nombreux sont les exemples de telles opérations. Jusqu'à présent, parmi les types de renforcements utilisés, le collage à l'intérieur des poutres en béton armé, de lamelles en matériaux composites, selon le procédé NSMR.

On examine dans ce chapitre les principaux procédés de renforcement et réparation des structures, la mise en œuvre des matériaux composites ainsi l'introduction au procédé NSMR.

2. RENFORCEMENT ET REPARATION DES STRUCTURES :

La maintenance des ouvrages de génie civil consiste à les protéger en assurant une meilleure étanchéité ou en limitant la corrosion, à les réparer en cherchant à compenser les pertes de rigidité ou de résistance dues à la fissuration, à les renforcer en améliorant les performances et la durabilité des ouvrages. C'est un problème de plus en plus préoccupant dans la mesure où le coût des ouvrages neufs est de plus en plus élevé et les conditions de réparation de plus en plus difficiles. Le projet d'une structure consiste à définir avec précision chacun des éléments qui la composent ainsi que la manière de la construire, le tout en accord avec son usage ou sa fonction finale. Le schéma de sa conception et, plus tard, de sa construction est toujours le même :

- résoudre un schéma structurel,
- évaluer les charges majorées et les résistances minorées,
- dimensionner les éléments résistants,
- rédiger le projet,
- exécuter la structure,
- surveiller sa vie en service,
- assurer l'entretien approprié.

Si une structure est bien conçue et correctement exécutée, elle n'aura besoin d'aucun renforcement au moment de sa mise en service. Cependant, suite à des erreurs dans le projet ou dans l'exécution, ou suite à diverses circonstances lors de la vie en service, des renforts peuvent s'avérer nécessaires.

2.1. Nécessité d'un renfort structurel :

Les causes qui conduisent à un renfort structurel sont aussi nombreuses que le nombre de structures elles-mêmes, chaque cas doit être considéré comme un cas particulier. Les plus fréquents sont :

- Accroissement des charges qui sollicitent la structure :
  - Changement d'usage de la structure (exemple : bâtiment d'habitation réhabilité en centre commercial),
  - Augmentation du niveau d'activité dans la structure (exemple : anciens ponts soumis au trafic actuel),
  - Installation de machinerie lourde dans les bâtiments industriels.

- Défauts dans le projet ou dans l'exécution :
  - armature insuffisante ou mal placée,
  - mauvais matériaux,
  - dimensions insuffisantes des éléments structurels.

- Rénovation des structures anciennes :
  - prise en compte de renforts par des sollicitations non considérées au moment du projet ou de la construction (vibration, actions sismiques et autres),
  - connaissance des insuffisances de la méthode de calcul utilisée lors de la conception, ainsi que des limitations montrées par des structures calculées durant une époque ancienne,
  - vieillissement des matériaux avec une perte des caractéristiques initiales.

- Changement de la forme de la structure :
    - ➢ suppression de poteaux, piliers, murs porteurs, élargissement de portées de calcul,
    - ➢ ouverture de passages en dalles pour escaliers ou ascenseurs.

- Dégâts dans la structure :
    - ➢ corrosion et diminution de la section des armatures dans le béton,
    - ➢ impacts contre la structure,
    - ➢ séisme,
    - ➢ incendies.

- Nécessité d'améliorer les conditions en service :
    - ➢ diminuer les déformations et flèches,
    - ➢ réduire l'intensité des contraintes sur les armatures,
    - ➢ diminuer l'ouverture des fissures.

2.2. Méthodes de renforcement :

Dans le domaine de la construction, il existe de nombreuses procédures de renforcement ou de réparation des structures, les plus courantes sont :

1. Augmentation de la section en béton avec ou sans addition d'armature en acier. Le béton peut être coulé ou projeté.

2. Adjonction de platines en acier. L'acier collé au béton augmente la section structurelle résistante. On l'utilise dans les poutres, poteaux, dalles, murs, et dans les piliers de ponts.

3. Adjonction de lamelles, bandes ou tissus de matériaux composites. Le concept est le même que dans le cas précédent, à la différence que l'élément résistant incorporé est fait de matériaux composites (habituellement, de résine époxy et de fibres de carbone, verre ou aramide).

4. Amélioration des structures par précontrainte externe.

2.2.1. Amélioration des éléments structurels à l'aide de chemisage en béton armé :

Le chemisage en béton armé consiste en une augmentation considérable des sections (Figure I-1) par la mise en œuvre d'un ferraillage additionnel à l'ancien élément et d'un nouveau béton d'enrobage pour favoriser l'accrochage, ce dernier sera mis en œuvre après la confection du coffrage.

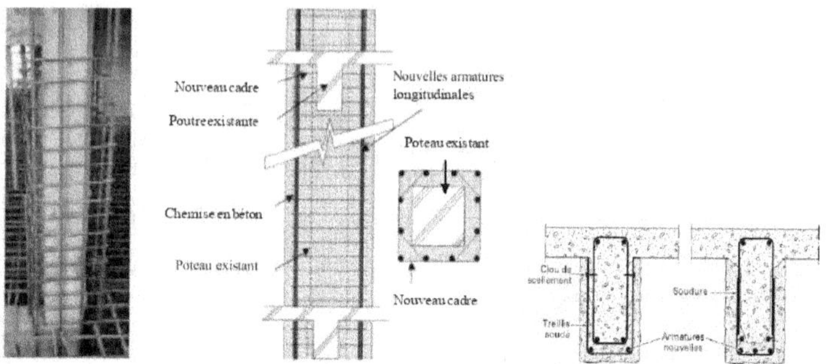

Figure I-1 : Chemisage en béton armé

Avantages et inconvénients du chemisage en béton armé :

Avantages	Inconvénients
- Technique peu coûteuse du fait des matériaux utilisés. - Main d'œuvre peu qualifiée.	- Augmentation considérable des sections donc du poids de la structure. - Les éléments sont plus encombrants et moins esthétiques. - Nécessité de mettre hors service l'ouvrage à renforcer pendant la durée des travaux qui est généralement longue. - Transport des matériaux. - Nécessité de coffrages. - Mise en œuvre souvent difficile.

2.2.2. Amélioration des éléments structurels à l'aide de chemises en acier :

Le renforcement des poteaux avec des chemises en acier permet d'améliorer considérablement la résistance sismique des poteaux. L'efficacité des chemises en acier a été clairement démontrée, à la fois par des recherches expérimentales et par des observations sur le terrain.

Les chemises en acier rectangulaires destinées au renforcement des poteaux rectangulaires améliorent aussi la résistance et la ductilité des poteaux. Toutefois, les résultats des recherches ont démontré que les chemises rectangulaires sont moins efficaces que les chemises elliptiques. Dans cette dernière, les espaces les plus larges entre le tubage et le poteau sont remplis de béton plutôt que de coulis de ciment (Figure I-2). Il existe par ailleurs une autre manière de chemisage en acier qui consiste à souder des cornières longitudinales avec des aciers plats transversaux autour des poteaux rectangulaires (Figure I-3).

Pour les poteaux circulaires, les chemises prennent la forme de deux demi-cylindres légèrement surdimensionnés pour faciliter leur installation, et soudés sur place aux jointures verticales.

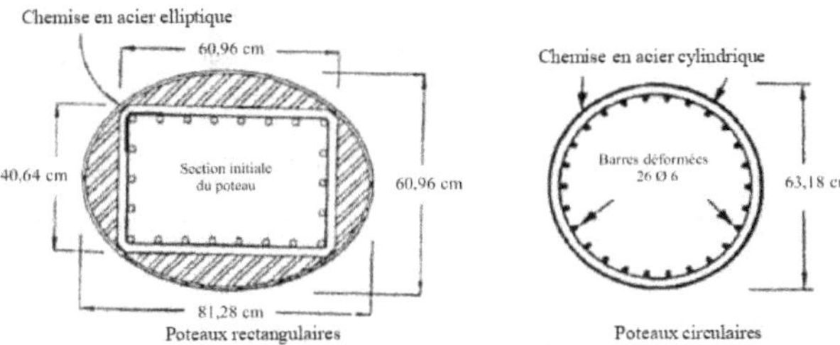

Figure I-2: Renforcement de poteaux circulaires et rectangulaires avec des chemises en acier

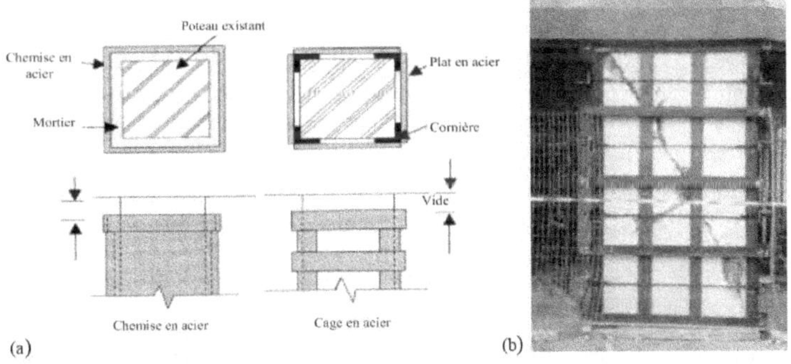

Figure I-3 : Chemisage en acier pour poteaux de section rectangulaire.

Avantages et inconvénients du chemisage en acier :

Avantages	Inconvénients
- Courte durée de réalisation par rapport au chemisage en béton.	-Coûts relativement élevé.
- Bonne performance des éléments renforcés (bonne ductilité).	- Nécessité de soudure donc une main-d'œuvre qualifiée.
- Faible augmentation des sections.	- Problème de corrosion ce qui nécessite un

entretien régulier.

- Poids des chemises et difficulté de
découpage.

- Augmentation de la rigidité en flexion ce
qui n'est pas souhaité dans le cadre du
renforcement parasismique (augmentation
de l'énergie restituée élastiquement), sauf
cas particuliers (corrosion ou manque
initial des armatures longitudinales).

2.2.3. Amélioration des éléments structurels à l'aide des tôles en acier collées :

L'Hermite s'est intéressé, dès le début des années soixante, à l'utilisation de ces composés adhésifs polymérisant à froid pour associer du béton à des composants d'acier disposés extérieurement (Figure I-4). Cette technique fut utilisée pour le renforcement et la réparation des structures en béton armé.

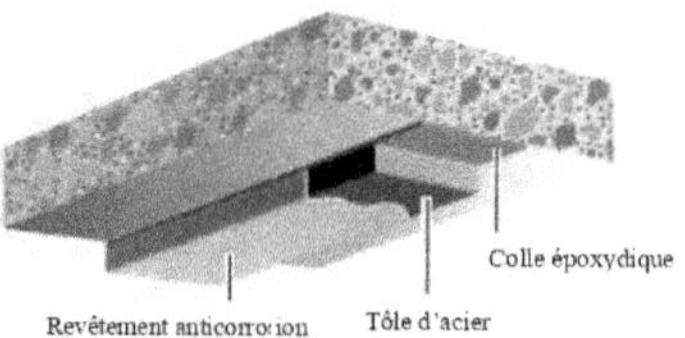

Figure I-4 : Application de plats métalliques selon le procédé L'Hermite

Ce type de renforcement consiste à pallier les insuffisances locales ou globales des structures en béton par des tôles d'acier collées en surface du béton. Il fut appliqué très rapidement pour des renforcements de poutres de pont-roulant dans une cimenterie, puis pour le renforcement d'ouvrages d'art dont le niveau de service n'était plus suffisant compte tenu de l'évolution du trafic supporté.

Avantages et inconvénients des tôles collées :

Avantages	Inconvénients
- il n'exige que des interventions mineures sur la structure ; - il est d'un emploi souple ; - les renforts sont peu encombrants.	- sensibilité de l'acier à l'oxydation (il demande donc une protection et un entretien soigné) ; - impossibilité de mobilisation de toute la résistance en traction des tôles, même sous faible épaisseur (sollicitation le long d'une

face) ;

- nécessité d'une préparation spécifique de la surface à traiter (la raideur des tôles nécessite une surface parfaitement plane pour assurer l'uniformité en épaisseur de l'adhésif) ;

- nécessité d'un collage sous pression (vérins), pour assurer une adhésion suffisante et éviter les bulles d'air dans la couche de résine de collage ;

- impossibilité de généraliser cette technique à des surfaces importantes (masses manipulées trop importantes), ce qui limite d'autant les possibilités de réparation (Figure 1.5a).

Pour améliorer la technique du collage et éviter une partie des problèmes évoqués plus haut, en France, Freyssinet International a amélioré le procédé, en 1977, en perforant les tôles colées.

Figure I-5 : Tôles collées ; (a) Renforcement du viaduc de Terre noire par tôles collées perforées (b) difficulté de manutention ;

2.2.4. Renforcement des structures par la précontrainte extérieure :

Elle permet d'appliquer des efforts d'une intensité connue, en des points et suivant des directions bien définies, capable de s'opposer aux efforts générateurs des désordres. Elle est qualifiée d'additionnelle lorsqu'on l'applique à des ouvrages existants pour augmenter leur capacité portante ou prolonger leur durée d'exploitation.

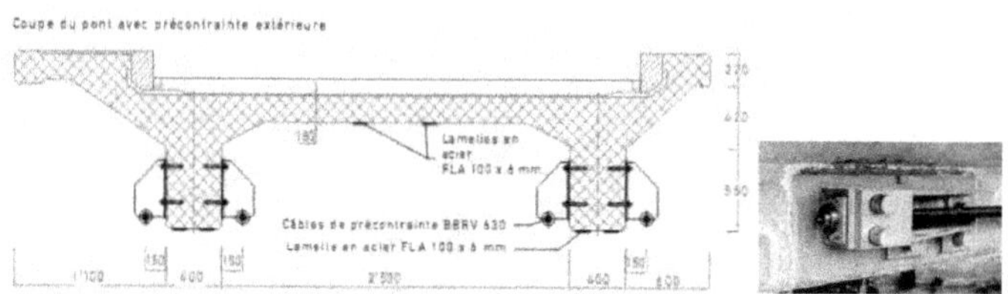

Figure I-6 : Renforcement par précontrainte extérieure

On montre dans la Figure I-7 l'élévation d'un poteau circulaire renforcé par une précontrainte externe.

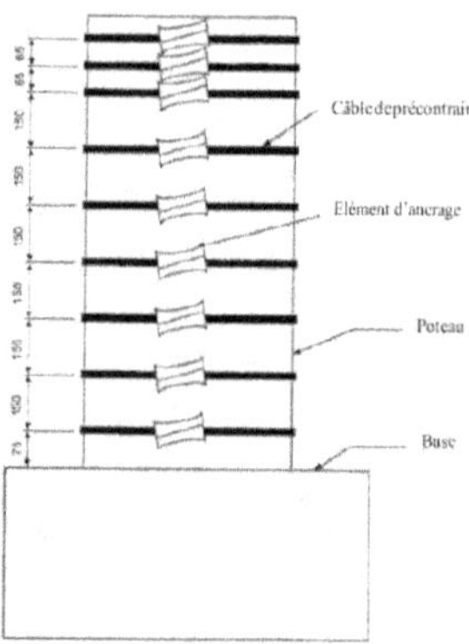

Figure I-7 : Renforcement d'un poteau circulaire à état de cisaillement dominant.

2.2.5. Amélioration des éléments structurels porteurs à l'aide des matériaux composites renforcés de fibres :

La technologie du renforcement par les polymères renforcés de fibres est l'une des technologies les plus efficaces pour l'accroissement de la résistance des éléments structuraux porteurs. Son application est relativement simple, très peu dérangeante pour les utilisateurs des ouvrages renforcés et peu exigeante en main-d'œuvre. Ainsi, elle représente l'une des solutions de rechange les plus souhaitables en matière d'accroissement de la résistance des ouvrages existants. Les caractéristiques non corrosives des fibres, leur rapport résistance- poids élevé et leur résistance à la plupart des substances chimiques donnent à ce système de renforcement une durée de vie bien plus longue que celle des matériaux conventionnels tels que l'acier, c'est à dire une valeur plus économique à long terme.

 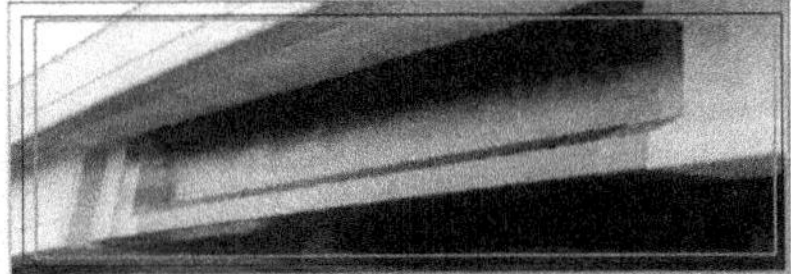

Figure I-8 : Renforcement des poutres en béton armé par des PRFC

2.2.5.1. Quelques applications des matériaux composites « PRF » en génie civil :

D'une manière générale, les matériaux composites du type polymère renforcé de fibres «PRF» présentent des avantages considérables dès qu'il s'agit de la protection, la réparation et le renforcement d'ouvrages ou d'éléments d'ouvrages en béton armé tels que poutre, poteau, dalle ou mur.

a) Les poutres :

Le renforcement vis à vis la résistance à la flexion d'une poutre en béton armé simplement appuyée en utilisant les composites «PRF» est généralement réalisée en liant une lamelle en PRFsur le support de la poutre concernée (Figure I-9). Avant l'application de la plaque PRF, le support doit être préparé. Le but de la préparation d'une surface adéquate est d'enlever la couche faible de la surface du béton et d'exposer la totalité du béton pour améliorer la liaison avec le PRF, et de fournir une surface uniforme.

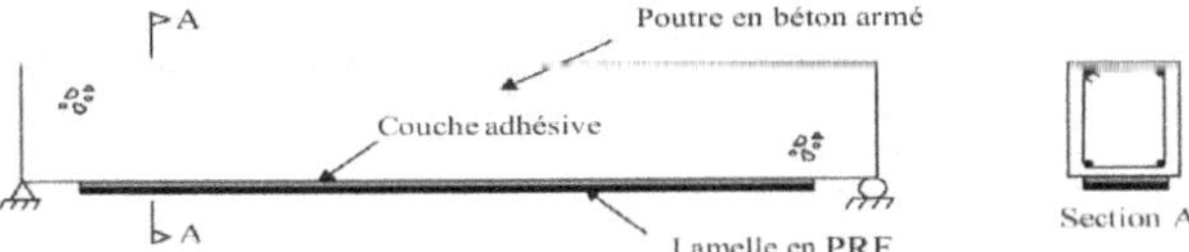

Figure I-9: Une poutre en béton armé renforcée par une lamelle en «PRF»

Les plaques en PRF peuvent être préfabriquées, dans ce cas, quelques préparations de la surface de liaison de cette dernière peuvent être nécessaires. D'autre part, la plaque en PRF peut être construite sur place par un procédé de "stratification direct". Il y a plusieurs variétés de la procédure de base. Celles-ci incluent la précontrainte de la plaque, et la prévision d'ancrages tels que les bandes en U aux fins de la plaque pour réduire le risque des ruptures par décollement comme le montre la figure I-10.

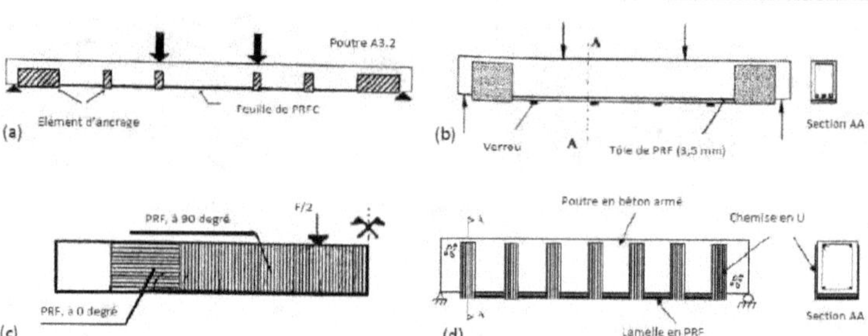

Figure I-10 : Trois types d'ancrages utilisés ;

(a) ancrage avec des chemises en U et des bandes en acier,

(b) ancrage avec des chemises en U et des verrous en acier,

(c) ancrage avec des tissus de «PRF» enroulés autour des trois côtés,

(d) ancrage par des chemises de «PRF» en forme de U.

La Figure I-11 montre des courbes typiques de charge-déflexion à mi-travée pour des poutres simplement appuyées, et renforcées par des lamelles «PRF» chargées par quatre points. Comparée à la poutre témoin, la poutre renforcée par des plaques en «PRF» a enregistré un gain de force de 76%, mais avec une réduction de ductilité.

Le gain de la capacité portante et la réduction de la ductilité sont les deux conséquences principales du renforcement des poutres par des plaques «PRF».

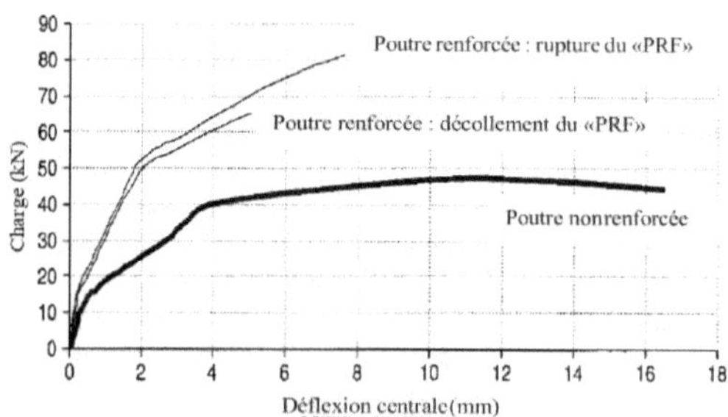

Figure I-11 : Courbes typiques de charge-déflexion des poutres en béton armé renforcées et non renforcées avec des matériaux composites «PRF»

b) Les dalles :

La procédure de base de renforcement des dalles simplement appuyées par "PRF" est de coller des bondes ou des lamelles «PRF» sur la face tendue de la dalle. Pour les dalles travaillant dans les deux sens on utilise des lamelles croisées (Figure I-13), ou bien des "PRF" avec des fibres dans les deux directions. D'autre part, le renforcement d'une dalle en béton armé travaillant dans les deux sens peut être concentré dans la région centrale ou dans la région des moments maximaux selon les besoins du renforcement, mais dans ce cas les bondes/lamelles de PRF sont terminées loin des bords de la dalle (Figure I-13b).

Figure I-12 : Renforcement d'un plancher dalle à l'aide de lamelles PRF

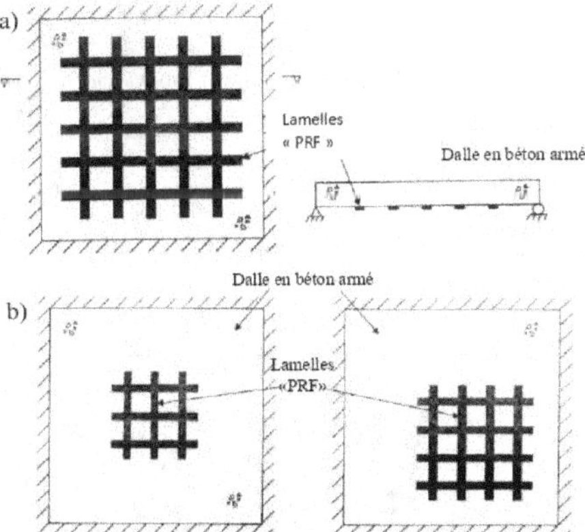

Figure I-13 : Renforcement d'une dalle travaillant dans les deux sens par des lamelles en PRF :
a-dans l'ensemble de la dalle, **b-**concentrées en petites régions ciblées

c) Les colonnes :

Différentes techniques ont été développées pour renforcer ou réhabiliter des colonnes existantes en béton armé en utilisant des composites «PRF». Les méthodes de renforcement peuvent être classées en trois catégories en fonction de la méthode adoptée pour construire le composite «PRF» à savoir : la stratification au contact, l'enroulement filamentaire et le chemisage par coquille préfabriquée en «PRF».

Figure I-14 : Stratification au contact.

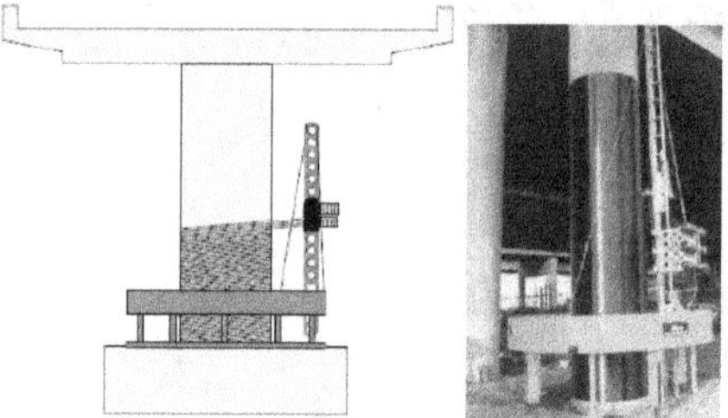

Figure I-15 : Enroulement filamentaire.

Figure I-16 : Coquilles préfabriquées en «PRFC».

Une colonne peut être enveloppée complètement par des tissus «PRF» avec une ou plusieurs couches (Figure I-17a). Elle peut être aussi partiellement enveloppée en utilisant des lanières «PRF» sous forme d'une spirale continue (Figure I-17b) ou des anneaux discrets (Figure I-17c).

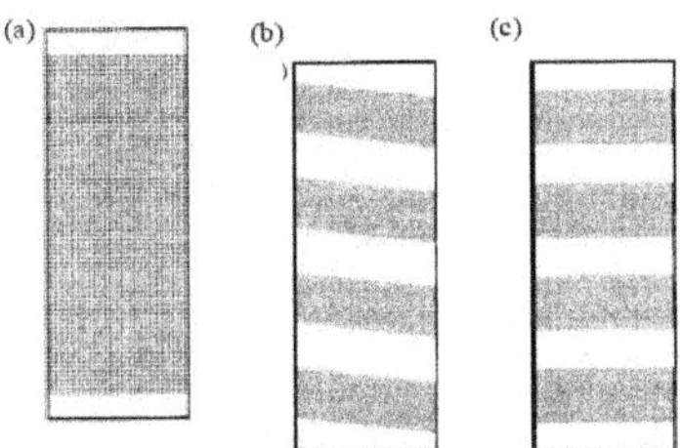

Figure I-17 : Les méthodes typiques d'envelopper les colonnes en B.A par du « PRF »

(a) enveloppée totalement en utilisant des tissus «PRF»

(b) partiellement enveloppée en utilisant des lanières «PRF» en spirale continue

(c) partiellement enveloppée en utilisant des lanières «PRF» sous forme d'anneaux discrets

Dans le cas des colonnes en béton armé renforcées avec des matériaux composites, les «PRF» développent une résistance aux déformations dues aux charges axiales, qui résulte d'un confinement des contraintes développées dans le béton, ce qui améliora à la fois l'effort et la contrainte de compression ultime du béton. On peut facilement observer, de la Figure I- 18, que le confinement des colonnes avec des composites «PRF» a nettement augmenté la capacité et la ductilité des colonnes renforcées.

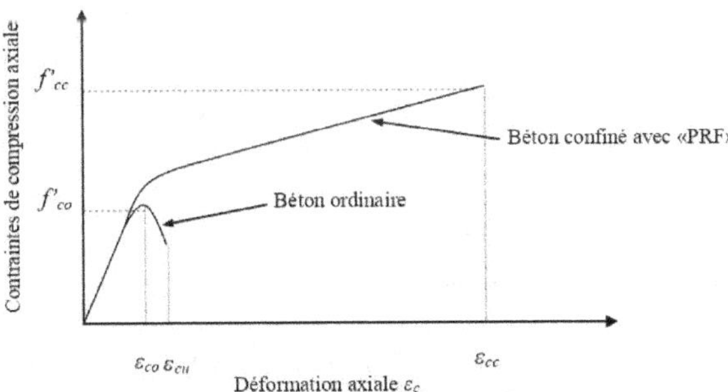

Figure I-18 : Courbe (contraintes - déformations) pour un béton
confiné avec des matériaux composites «PRF»

3. LE RENFORCEMENT STRUCTUREL PAR P.R.F. SELON LE PROCEDE "NSM" :

3.1. Introduction :

Le procédé NSM vient comme remède au problème de décollement des
extrémités du PRF dans le procédé EBR (figue I-19). Et cela, à cause du
nombre de surfaces du PRF en contact avec le support. Minimum de 3 faces
en NSM, par contre en EBR, il y a qu'une seule face en contact. Donc l'effort
est bien transmis au PRF suivant la technique NSMR. Contrairement à la
technique EBR où il y a une concentration d'effort suivant une seul facette.

Figure I-19 :

Décollement du PRF

dans le procédé EBR

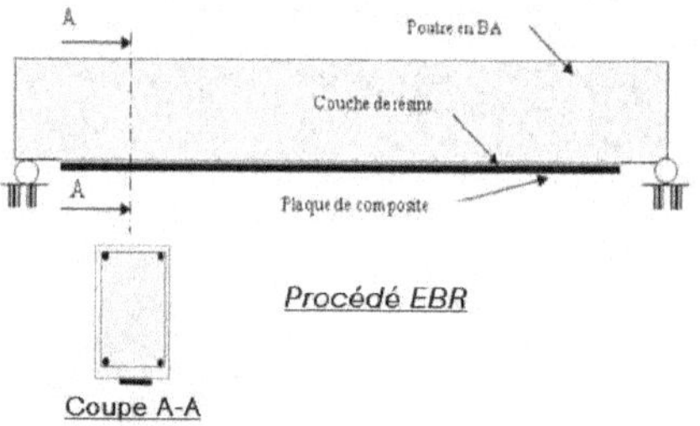

Figure I-20 : Présentation du Procédé EBR

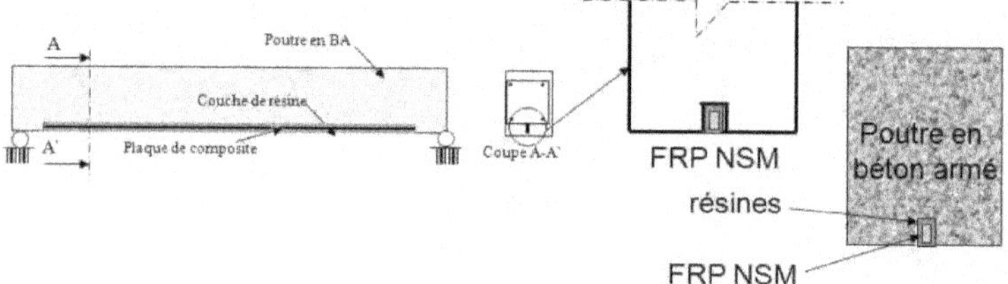

Figure I-21 : Présentation du Procédé NSMR

3.2. Les différents types de renforts utilisés :
3.2.1. Introduction :

Dans la plupart des études existantes, les renforts de carbone ont été utilisés pour
renforcer les structures en béton armé. Les renforts de verre sont également utilisés, dans la
plupart des cas pour renforcer des structures en maçonnerie ou des charpentes en bois. Aucune
étude ou application pratique dans lesquelles les renforts d'aramide seraient utilisés n'a été
trouvée.

3.2.2. Renfort en fibres de verre "PRFV" :

Ces barres sont couramment utilisées dans le béton armé pour la réalisation de tabliers des ponts routiers. La fraction volumique de fibres varie généralement de 0.3 à 0.5. La configuration de la surface des barres d'armature en PRFV a un impact direct sur l'adhérence avec le béton. Diverses configurations de surface sont disponibles dans le commerce, recouverte de sable, nervurées ou tressées (Figure I-I-22). Une combinaison de traitements de surface peut être également utilisée. Cependant, il n'y a pas de classification normalisée des conditions de surface (ACI Comité 440 2003).

Figure I-22 : Barres en fibre de verre (PRFV)

3.2.3. Renfort en fibres de carbone "PRFC" :

La résistance en traction et le module d'élasticité des renforts de carbone sont beaucoup plus importants que ceux des renforts de verre. Ainsi, pour la même capacité de traction, un renfort de carbone ayant une plus petite section qu'un renfort de verre, donc il nécessite une plus petite taille d'engravure. Ceci mène à une installation plus facile, avec moins de risques d'interférence avec les aciers internes, et une économie du matériau de scellement dans l'engravure. Les renforts composites peuvent être fabriqués avec différentes formes : barres rondes (joncs), carrées, rectangulaires (plats), ovales, ou sous forme de bandes (Figure I-23).

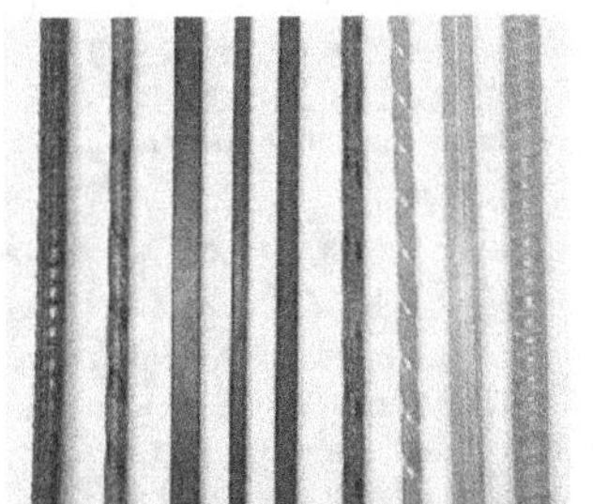

Figure I-23 : Types de renforts composites en fibres de carbone utilisés pour NSMR

3.3.   Les matériaux de scellement (Matériaux de remplissage):

Le matériau de scellement, généralement de la résine époxydique, est l'élément assurant le transfert des efforts entre le renfort composite et le béton. En termes de comportement structurel, les propriétés mécaniques les plus appropriées sont les résistances au cisaillement et à la traction. La résistance en traction est particulièrement importante quand la barre a une surface présentant des reliefs (type barre haute adhérence), ce qui produit des contraintes de traction circonférentielles élevées dans la couche de matériau de scellement dues à l'adhérence. En outre, la résistance au cisaillement est importante quand la capacité d'adhérence du système de renforcement NSM est contrôlée par la rupture au cisaillement du matériau de scellement au niveau de la surface de contact entre la barre composite et le matériau de scellement.

Le matériau de scellement le plus commun est la résine époxy. Une résine de faible viscosité peut être utilisée dans les zones de moment négatif (élément en console ou sur appui). Pour des autres cas, une résine de forte viscosité est nécessaire pour éviter l'écoulement gravitaire lors de la mise en œuvre. L'utilisation comme matériau de scellement d'une pâte de ciment ou d'un mortier a été récemment étudiée (Nordin et al, 2003, Taljsten et al, 2003) afin de réduire le coût et l'impact sur l'environnement, de permettre une bonne liaison avec une surface mouillée de béton et d'obtenir une meilleure résistance à la température et une compatibilité thermique améliorée avec le support en béton.

Cependant, le mortier à base de ciment a des propriétés mécaniques et une durabilité inférieure à celle obtenues avec les résines époxydes, en particulier vis-à-vis du comportement en traction. Les résultats des essais d'arrachement direct et par flexion sur l'adhérence ont identifié ces limitations significatives des matériaux de scellement à base de ciment.

3.4.   Dimensions des engravures :

En ce qui concerne le dimensionnement des engravures qui vont accueillir les barres de matériau composite, la littérature scientifique et technique ne donne aucune méthode de calcul spécifique à ce jour. Les recherches sur ce sujet sont encore à approfondir. Le diamètre nominal du renfort composite, la largeur de l'engravure, sa profondeur, la distance entre deux engravures adjacentes, et la distance entre l'engravure et le bord de la poutre sont tous des paramètres qui peuvent influencer la qualité d'adhérence des joncs composites et par conséquent le comportement structurel (De Lorenzis et al, 2007). La figure I-25 montre les dimensions des engravures à prendre en considération lors du renforcement par la technique NSMR.

Afin de garantir une efficacité optimale pour cette méthode, on trouve dans la littérature des principes simples à respecter tels que ceux proposés par Parretti et Nanni (2004) et recommandés par l'American Concrete Institute (ACI 440, 2007). De manière générale, il est conseillé de réaliser une engravure de largeur minimale au moins égale à 1.5 fois le diamètre de la barre pour le jonc rond, et 3 fois la largeur de la barre pour le plat. De même, la profondeur de l'engravure est au minimum de 1.5 fois le diamètre de la barre quand celle-ci est ronde et de 1.5 fois sa largeur si elle est plate (voir la figure I-25). On obtient alors des dimensions minimales pour les engravures des deux types de renforts.

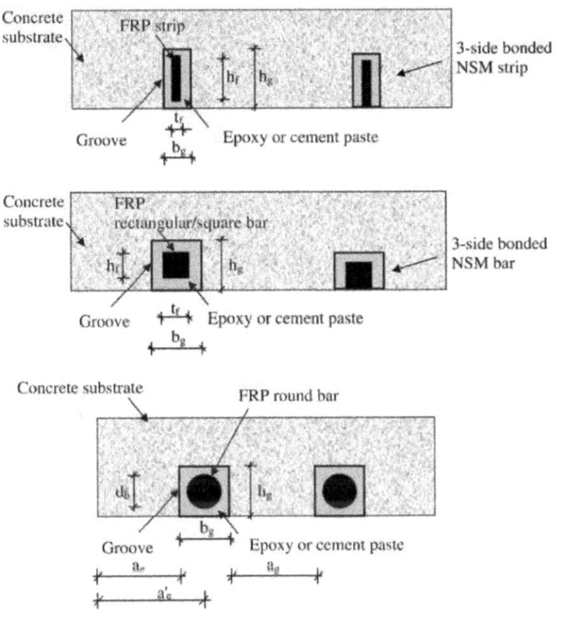

Figure I-24 : Nomenclature des différents systèmes NSM

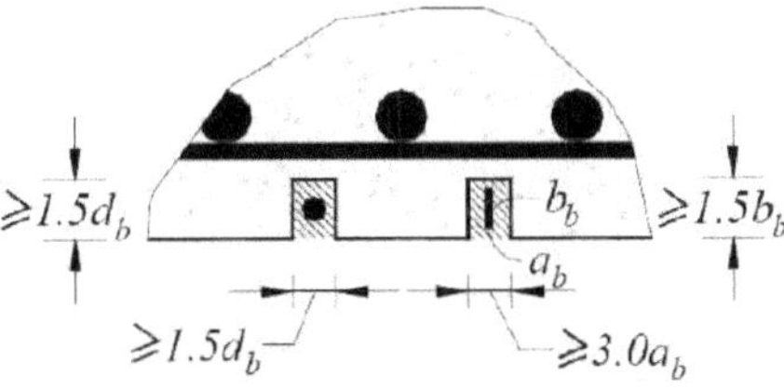

Figure I-25 : dimensions des engravures recommandées par l'ACI 440 dans le cas NSM
(Parretti et Nanni, 2004 ; ACI 2007).

Toutes ces dimensions peuvent influencer sur le comportement des éléments renforcés par NSM. Pour le moment, il n'existe aucune recommandation sur les dimensions optimales des engravures. Cependant, celles-ci agissent sur le mode de rupture et la capacité portante de l'élément à renforcer, qui doit être pris en compte au moment du dimensionnement.

Si on utilise un seul renfort composite pour le renforcement, une seule engravure est automatiquement insérée au milieu de la surface tendue de l'élément à renforcer. Si on utilise plusieurs renforts la distance entre deux renforts adjacents et la distance entre leurs engravures, ainsi que la distance entre le bord de l'élément et le renfort adjacent deviennent des paramètres de conception importants.

CHAPITRE II :

CARACTERISTIQUES ET PROPRIETES DES MATERIAUX COMPOSITES ET LEURS CONSTITUANTS

1. INTRODUCTION :

Les matériaux en matrice de polymère renforcés de fibres continues (PRF), peuvent être considérés comme composites, hétérogènes et anisotropes avec un comportement linéaire élastiques jusqu'à la rupture. Ils sont largement utilisés pour le renforcement des structures de génie civil. Il existe de nombreux avantages concernant l'utilisation des PRF : légèreté, bonnes propriétés mécaniques, résistance à la corrosion, etc. les composites pour le renforcement structurel sont disponibles en plusieurs géométries, du stratifié utilisé pour le renforcement des membres à surface régulière, au tissus bidirectionnel qui s'adapte facilement aux formes des membres à renforcer. Les composites sont aussi adéquats pour les applications où le côté esthétique des structures originales doit être préservé (bâtiment à intérêt historique ou artistique), où le renforcement par les techniques traditionnelles ne peut être effectivement employé.

Ce chapitre cite les informations de base sur les matériaux composites, leurs constituants (fibres, matrices et adhésifs), et leurs propriétés physico-mécaniques. De telles informations sont nécessaires pour connaitre les avantages et les inconvénients des PRF, ainsi pour profiter de leurs avantages et mitiger si possible leurs inconvénients. Il s'agit d'un intérêt particulier d'assurer la durabilité des applications de renforcement où des matériaux traditionnels tel que le béton ou la maçonnerie, sont couplés avec des matériaux de haute technologie.

2. LES CARACTERISTIQUES DES COMPOSITES ET LEURS CONSTITUANTS :

Les matériaux composites exhibent les caractéristiques suivantes :

- Ils sont constitués, au moins, de deux matériaux (phases) de différentes natures et macroscopiquement distinguables,
- Au moins deux phases ont des propriétés physiques et mécaniques tout à fait différentes de l'autre, de telle sorte à fournir des matériaux en PRF avec des propriétés différentes de leurs constituants.

Les composites en matrice de polymère renforcée de fibres satisfont les deux caractéristiques ci-dessus. En fait, ils sont fabriqués à la base des deux composants : la matrice en polymère organique et les fibres de renfort, dont les caractéristiques principales sont résumées dans le **Tableau II-1**. Comme en peut le voir, les fibres de carbone peuvent exhibées des valeurs de module d'élasticité de Young nettement supérieur par rapport aux matériaux typiques de construction. Par conséquent, ils sont plus efficaces de point de vue structurel. Des problèmes potentiels avec d'autres matériaux utilisés comme support ont besoin d'être soigneusement évalués par les concepteurs et les praticiens.

La matrice en polymère peut être considérée comme un matériau isotrope, tandis que la phase de renforcement (fibres), en exception des fibres de verre, est un matériau anisotrope (propriétés variables selon la direction). Les caractéristiques définissant les matériaux en PRF sont les suivantes :

- Géométrie : forme et dimensions.
- Orientation des fibres : l'orientation en respect des axes de symétrie du matériau ; lorsque elle est aléatoire, les caractéristiques du composite sont similaires à un

matériau isotrope ("quasi-isotrope"). Dans tous les autres cas, le composite peut être considéré comme matériau anisotrope.

Par conséquent, les matériaux composites sont, dans la plupart des cas, des matériaux hétérogènes et anisotropes.

	Module de Young E [GPa]	Résistance à La traction [MPa]	Déformations à la rupture [%]	La dilatation thermique α [ ]	Densité ρ [g/cm^3]
Verre - E	$70 - 80$	$2000 - 3500$	$3.5 - 4.5$	$5 - 5.4$	$2.5 - 2.6$
Verre - S	$85 - 90$	$3500 - 4800$	$4.5 - 5.5$	$1.6 - 2.9$	$2.46 - 2.49$
Carbone (HM[1])	$390 - 760$	$2400 - 3400$	$0.5 - 0.8$	-1.45	$1.85 - 1.9$
Carbone (HR[2])	$240 - 280$	$4100 - 5100$	$1.6 - 1.73$	$-0.6 - -0.9$	1.75
Aramide	$62 - 180$	$4100 - 5100$	$1.6 - 5.5$	-2	$1.44 - 1.47$
Matrice en polymère	$2.7 - 3.6$	$40 - 82$	$1.4 - 5.2$	$30 - 54$	$1.10 - 1.25$
Acier	206	$250 - 400^3$ $350 - 600^4$	$20 - 30$	10.4	7.8

Tableau II-1 : Comparaison entre les propriétés des fibres, la résine et l'acier (valeurs typiques)

Pour résumer les propriétés des PRF, il est plus commode de regrouper les composites renforcées de fibres en deux catégories, selon leur technologie de production :

- Monocouche (lame)
- Multicouches (stratifié)

Les stratifiés sont des matériaux composés de couches empilées (lames) dont l'épaisseur est dans l'ordre de la dizaine de millimètres. Dans le cas le plus simple, les fibres sont intégrées seulement dans le plan de la lame (il n'y a pas de fibres arrangées orthogonalement à ce plan).

La taille du stratifié est intermédiaire entre celle des fibres et les dimensions de la structure à renforcer (**Tableau II-2**).

Il y a aussi une classe spéciale du composite multicouche (stratifié), soi-disant les stratifiés hybrides, où chaque lame est constituée de différents types de fibres (ex. composite en matrice époxy avec des fibres de carbone et d'aramide pour avoir un composite rigide et résistant) ou de différents matériaux (ex. composite avec alternance de couches de résine époxy avec des fibres d'aramide et d'aluminium).

L'avantage principale des stratifiés multicouches réside dans la plus grande liberté d'arrangement des fibres.

---

[1] HM : haut module d'élasticité

[2] HR : haute résistance à la traction

[3] Limite du domaine élastique

[4] Résistance maximale à la traction

	Dimensions représentatives					
	pm	nm	μm	mm	m	km
Atome	* *					
Molécule de polymère		* *				
Polymères biologiques		* *				
Cristallites			* *			
Sphéroïdes			* *			
Diamètre des fibres			*			
Epaisseur de la lame PRF			* * *			
Epaisseur du stratifié PRF				* *		
Longueur du stratifié					* * *	
Structures						* * *

Tableau II-2 : Taille des composites de fibres avec matrice en polymère

A cause du caractère d'anisotropie des matériaux composites en PRF, leurs propriétés mécaniques dépondent du choix du système de référence. Les axes principaux sont usuellement choisis pour être en concordance avec les axes de symétrie du matériau (axes naturels). Le cas d'un matériau PRF unidirectionnel est illustré dans la **FigureII-1**.

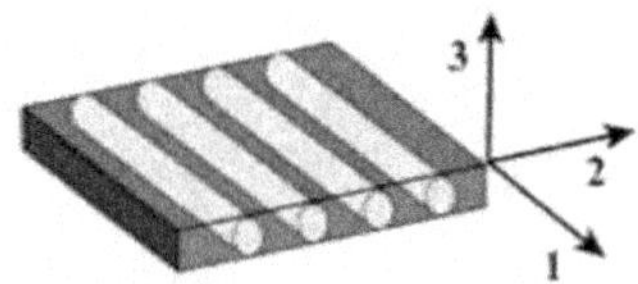

Figure II-1 : Choix des axes pour un matériau en PRF unidirectionnel.

Le rapport entre les valeurs des propriétés du matériau composite, suivant différentes directions, est appelé "le taux d'anisotropie". Quelques valeurs du taux d'anisotropie relatives aux caractéristiques principales d'intérêt dans un PRF unidirectionnel (: module d'élasticité de Young ; : module de cisaillement ; : contrainte de rupture ; : coefficient de dilatation thermique) sont montrés dans le **Tableau II-3**.

Carbure de silicium/céramique	1.09	2.35	17.80	0.93
Bore/aluminium	1.71	5.01	11.60	0.30
Carbure de silicium/aluminium	1.73	5.02	17.00	0.52
Verre-S/époxy	2.44	5.06	28.00	0.23
Verre-E/époxy	4.42	8.76	17.70	0.13
Bore/époxy	9.27	37.40	24.60	0.20
Carbone/époxy	13.60	19.10	41.40	-0.07
Aramide/époxy	15.30	27.80	26.00	-0.07

Tableau II-3 : Taux d'anisotropie de PRF unidirectionnel (valeurs typiques)

Les matériaux composites peuvent être plus forts et plus rigides (PRF carbone) que les matériaux de construction traditionnels. Comme résultat, les composites peuvent devenir plus attractifs lorsque le poids de la structure est un souci. La résistance à la traction et le module d'élasticité de Young du PRF est quatre et deux fois supérieur par rapport aux matériaux de construction traditionnels, respectivement. Cela veut dire qu'une structure en matériaux composites peut peser la moitié d'une structure traditionnelle de même rigidité.

La nature des phases d'un composite détermine les propriétés finales du matériau en PRF. Pour obtenir un composite avec une résistance mécanique élevée, l'utilisation de fibres fortes est insuffisante. Une bonne adhésion entre la matrice et les fibres utilisées comme composant porteur des charges, est aussi nécessaire. L'adhésion est habituellement obtenue à travers un troisième composant appliqué sur une couche très fine sur la surface des fibres, ce qui les rend compatibles avec la matrice organique. De tel traitement de surface nécessite la présence d'une phase intermédiaire entre la matrice et les fibres, appelée "interface", ou interphase (**Figure II-2**). L'interphase est typiquement constituée d'une couche très fine (souvent un seul atome d'adhésif) placée directement sur les fibres, ceci est déterminant dans la qualité des propriétés finales du matériau composite.

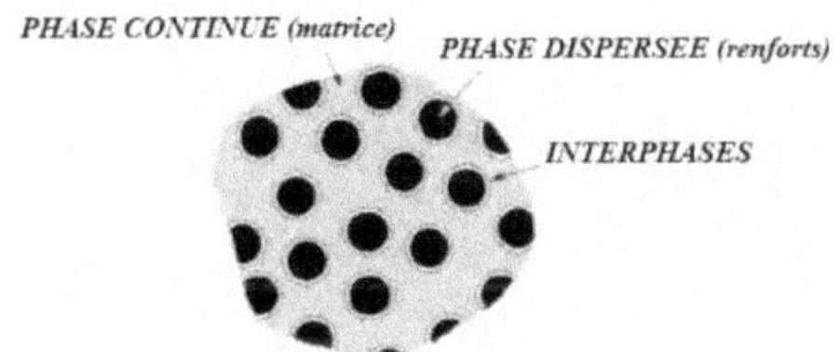

Figure II-2 : Représentation des phases dans un composite en PRF.

Les défaillances structurelles des composites en PRF sont souvent dues au manque de lien entre la matrice et les fibres. Par conséquent, les fabricants des matériaux en PRF devraient prendre un soin particulier dans le choix du composant à utiliser pour renforcer le lien.

2.1. Les Fibres utilisées dans les matériaux composites :

Les fibres couramment utilisées dans les matériaux composites sont les fibres de verre, de carbone et d'aramide. Leur géométrie monodimensionnelle unique, en plus d'être particulièrement adaptées à la réalisation du composite, procurent aux joncs et lamelles en PRF une rigidité et une résistance plus grandes que les PRF en formes trois-dimensionnelles. Cela est dû à la faible densité, par défauts, dans les configurations monodimensionnelles par opposition aux membres trois-dimensionnelles.

2.1.1. Les formes des fibres disponibles dans le marché et leur classification :

Les fibres sont constituées de très minces filaments continus, et par conséquent, il est difficile de les manipuler individuellement. Pour cette raison, ils sont commercialisés en différentes formes (**Figure II-3**). Une brève description des formes les plus utilisées est résumée dans ce qui suit :

- Mono-filament : filament de base, avec un diamètre de l'ordre de 10 µm.
- Tow : paquet non torsadé de filaments continus.

- <u>Yarn</u> : assemblage de fibres et de filaments torsadés et formés dans une longueur continue, appropriés pour l'utilisation dans le tissage des matériaux textiles.
- <u>Roving</u> : un nombre de yarns ou tows regroupé dans un paquet parallèle avec ou sans une légère torsion.

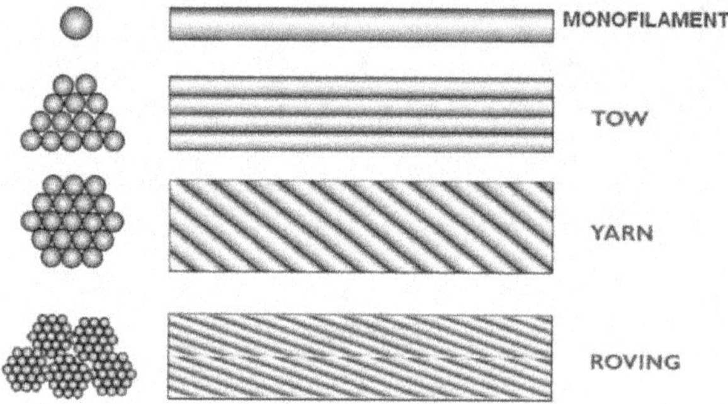

Figure II-3 : Les différentes formes de fibres.

En combinant un nombre de tows ou de yarns ensemble, on obtient une bonde, où les tows ou yarns peuvent être tout simplement arrangés côte à côte ou cousus ou fixés sur un support. La classification des fibres est celle utilisée pour les fibres textile. Les filaments utilisés pour la production des yarns sont, principalement, caractérisés par leur composition chimique ou par leur masse linéaire. L'unité de la masse linéaire (masse par unité de longueur), selon l'ISO 2974 :2000 (E), est le TEX, équivalent à 1 g par Km de fibre. Une autre unité de la masse linéaire, maintenant obsolète, est le "denier", équivalent à 0.111 TEX.

En plus des yarns et des rovings, les fibres sont aussi commercialisées sous forme de tissus. Dans ce cas-là, la disposition des fibres est faite de tel sorte qu'elle procure au tissu, des propriétés quasi-isotropes. Dans de tels matériaux, la direction principale des fibres est appelée "chaîne", tandis que la direction orthogonale, est appelée "trame".

2.1.2. Les fibres de verre :

Ces fibres sont communément utilisées dans les secteurs navale et industriel pour la production de composites de moyenne et haute performances. Leur caractère particulier est la haute résistance. Le verre est principalement fait de silicone (SiO_2) avec une structure tétraédrique (SiO_4). Des oxydes d'aluminium et autres ions métalliques sont ajoutées avec des proportions variables (**Tableau II-4**) soit pour faciliter les opérations d'usinage ou de modifier certaines propriétés (ex. les fibres de verre-S exhibent une résistance à la traction plus haute que celle des fibres en verre-E).

La technologie de production des fibres de verre est essentiellement basée sur le filage d'un lot de sable, d'alumine et de calcaire. Les constituants sont mélangés à sec, et portés à fusion (environ 1260 C°) dans un réservoir. Le verre fondu est transporté directement sur des douilles en platine et, par gravité, passe à travers des trous ponctuels situés dans la base. Les filaments sont ensuite regroupés pour former un brin typiquement fait d'environ 204 filaments. Le seul filament a un diamètre approximatif de 10 µm. Les yarns sont ensuite empaquetés, dans la majorité des cas, sans torsion, dans un roving. La valeur typique de la masse linéaire d'un roving à utiliser dans les applications de génie civil est plus de 2000 TEX.

	Verre-E	Verre-S
Oxyde de silicone	54.30	64.20
Oxyde d'aluminium	15.20	24.80
Oxyde fer	-	0.21
Oxyde de calcium	17.20	0.01
Oxyde de magnésium	4.70	10.27
Oxyde de sodium	0.60	0.27
Oxyde de bore	8.00	0.01
Oxyde de baryum	-	0.20
Divers	-	0.03

Tableau II-4 : Composition typique des fibres de verre (% du poids)

Les fibres de verre sont aussi disponibles sous forme de feuilles minces appelées "tapis". Un tapis peut être fait de fibres longues et continues ou de fibres courtes (ex. fibres discontinues avec une longueur typique entre 25 et 50 mm) aléatoirement arrangés (**Figure II-4**) et maintenues par un lien chimique. La largeur de tel tapis est variable entre 5 cm et 2 m, leur densité est plus ou moins égale à 0.5 kg/m².

Typiquement, les fibres de verre ont un module de Young (70 GPa pour verre-E) plus bas par rapport aux fibres de carbone et d'aramide, et leur résistance à l'abrasion est relativement faible ; par conséquent, une précaution particulière est recommandée dans leur manipulation. En plus, ils sont sujets au fluage et ils ont une faible résistance à la fatigue. Pour améliorer le lien entre les fibres et la matrice, ainsi pour protéger les fibres contre les agents alcalins et l'humidité, les fibres subies des traitements de dimensionnement agissant comme agents de couplage. De tels traitements, sont usuels pour l'amélioration de la durabilité et les performances à la fatigue (statiques et dynamiques) du matériau composite. Les PRF à base de fibres de verre sont usuellement dénotés par l'abréviation PRFV.

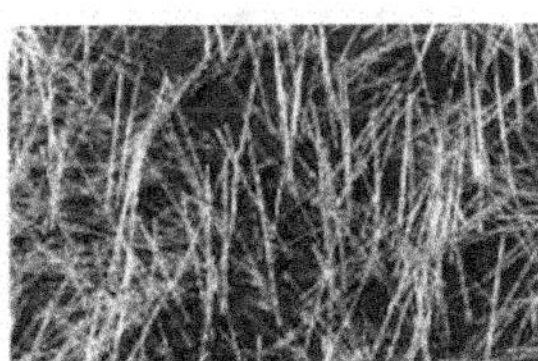

Fibres discontinues.   Fibres discontinues *tapis*.

Figure II-4 : Fibres de verre *(tapis)*.

2.1.3. Les fibres de carbone :

Les fibres de carbone sont utilisées pour leur haute performance, elles sont caractérisées par un module de Young élevé, aussi bien qu'une haute résistance. Elles ont intrinsèquement, un comportement fragile à la rupture, avec, relativement, une faible absorption d'énergie ; cependant, leur résistance à la rupture est plus grande que celles des fibres de verre et d'aramide. Les fibres de carbone sont moins sensibles à la rupture par fluage ou par fatigue, et montrent une négligeable réduction de la résistance à la traction à long-terme.

La structure cristalline du graphite est hexagonale, avec des atomes de carbone arrangés principalement sur une structure plane, maintenus entre eux transversalement par les forces d'interaction de Van der Waals, beaucoup plus faibles que celles agissant sur les atomes de carbone dans le plan (liaisons covalentes). Pour cette raison, leur module de Young d'élasticité et leur résistance sont extrêmement élevés dans la direction des fibres, et plus faibles suivant la direction orthogonale (comportement d'anisotropie). La structure des fibres de carbone n'est pas complètement cristalline comme celle du graphite. Le terme "fibres de graphite" et cependant utilisé dans le langage commun pour représenter les fibres dont le contenu en carbone dépasse les 99%. Le terme "fibres de carbone" dénote les fibres dont le contenu en carbone est entre 80 et 95%. Le nombre de filaments contenus dans un *taw* peut varier entre 400 et 160 000.

La technologie moderne de production des fibres de carbone est essentiellement basée sur la pyrolyse (ex. la décomposition thermique des substances organiques en absence de l'oxygène), nommés précurseurs, dont les plus fréquents sont les fibres polyacrylonitrile (PAN), et les fibres de rayonne. Les fibres PAN sont d'abord stabilisées par un traitement thermique à 200-240 °C pondant 24h, de telle sorte, leur structure moléculaire s'oriente suivant la direction d'application des charges. Comme deuxième étape, un traitement de carbonisation à 1500 °C dans une atmosphère inerte pour enlever les composants chimiques autre que le carbone. Les fibres carbonisées, peuvent alors subir un traitement de graphitisation dans une atmosphère inerte à 3000 °C, pour développer une structure cristalline complète similaire à celle du graphite. Les composites PRF basés sur le carbone sont usuellement dénotés par l'abréviation PRFC.

2.1.4. Les fibres d'aramide :

Les fibres d'aramide sont des fibres organiques, faites de polyamides aromatiques dans une forme extrêmement orientée. Leur première apparition été en 1971, elles sont caractérisées par leur haute endurance.

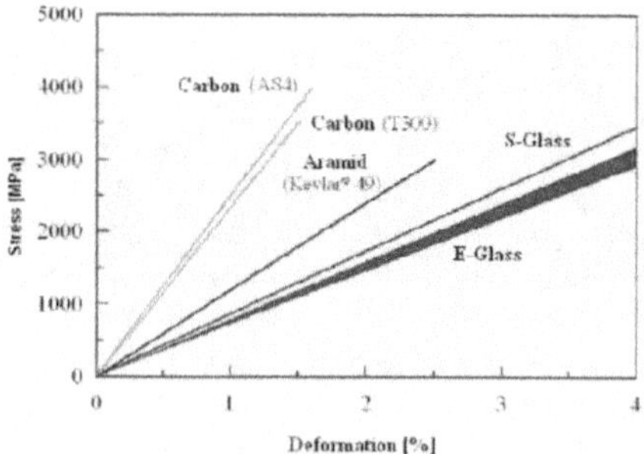

Figure II-5 : Diagrammes contraintes-déformations des différents types de fibres

Leur module d'élasticité de Young et leur résistance à la traction, sont intermédiaires entre les fibres de verre et de carbone (**Figure II-5** et **Figure II-6**). Leur résistance à la compression est environ 1/8 leur résistance à la traction. Dues à la structure anisotropique des fibres, les charges de compression provoquent une plastification localisée des fibres, qui résulte de leur instabilité et la formation des entorses. Les fibres d'aramide peuvent se dégrader après une exposition intensive aux rayons solaires, en perdant plus de 50% de leur résistance à la traction. En plus, elles sont sensibles à l'humidité. Leur comportement au fluage est similaire des fibres de verre, même que leur résistance à la rupture et leur comportement à la fatigue sont mieux que les PRFV.

La technologie de production des fibres d'aramide est basée sur l'extrusion à haute température et à haute vitesse des polymères dans une solution, suivie par un refroidissement et un séchage. Les fibres fabriquées de cette façon, peuvent subir un traitement d'orientation à chaud à travers l'enroulement sur des bobines à rotation rapide (post-filage) pour améliorer leurs caractéristiques mécaniques. Les fibres d'aramide sont commercialisées en *yarns, roving* ou *tissus*. Les composites PRF basés sur les fibres d'aramides sont dénotés par l'abréviation PRFA.

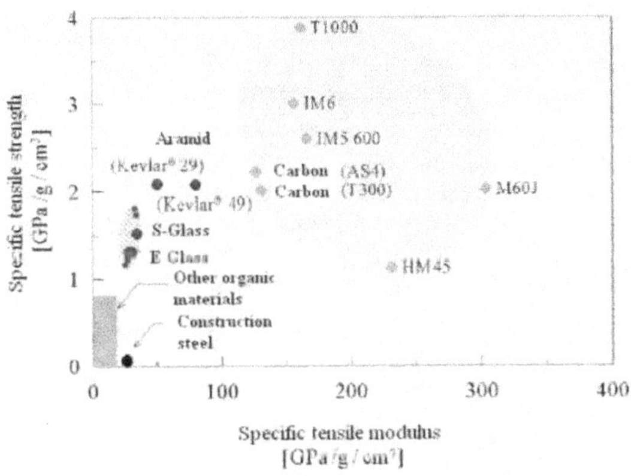

Figure II-6 : Comparaison entre l'acier et fibres.

2.1.5. Autres types de fibres :

Les fibres précédemment décrites, sont principalement les plus utilisées dans la production des matériaux composites destinées aux applications dans le domaine de génie civil. Des fibres alternatives, telles que les fibres de bore, ont un module de Young élevé, aussi bien qu'une bonne résistance.

Dans la présence de hautes températures, différentes types de fibres peuvent être utilisées, telles que les fibres de céramique (ex. fibres d'alumine et fibres de carbure de silicone), dont les caractéristiques mécaniques sont reportées dans le **Tableau II-5** en même temps que celles des fibres de bore.

	Fibres de bore	Fibres céramiques		
		Alumine (PFC)[1]	SiC (DCV)[2]	SiC (pyrolyse)
Diamètre [μm]	16.5	20±5	140	10 - 20
Densité [g/cm^3]	2.63	3.95	3.3	2.6
Contrainte de ruine [MPa]	2800	1380	3500	2000
Module de Young [GPa]	385	379	430	180

Tableau II-5 : Propriétés des fibres céramique et des fibres de bore

2.2. Les Matrices :

La matrice fournie le mécanisme nécessaire au transfert de la charge de part et d'autres des fibres. Elle protège également les fibres des risques d'abrasion et des autres attaques environnementales et chimiques. Il existe deux principaux types de matrices :

- **Résine thermodurcissable (TD) :** polymère transformé en un produit essentiellement infusible et insoluble après traitement thermique (chaleur, radiation) ou physicochimique (catalyse, durcisseur). La transformation est irréversible,
- **Résine thermoplastique (TP) :** polymère pouvant être alternativement ramollie par chauffage et durci par refroidissement dans un intervalle de température spécifique du polymère étudié. Les résines thermoplastiques présentent l'aptitude à l'état ramolli, de se mouler aisément par plasticité. La transition est réversible.

Les résines thermoset (thermodurcissables) sont principalement les résines les plus utilisées dans la production des matériaux composites en PRF. Elles sont usuellement disponibles en état de polymérisation partielle avec une consistance fluide ou pâteuse à la température ambiante. Lorsqu'elles sont mélangées à un réactif approprié, elles se polymérisent pour devenir solide (matériau vitreux). La réaction peut être accélérée par ajustement de la température. Les résines thermoset ont plusieurs avantages y compris :

- Une faible viscosité qui permet une imprégnation relativement facile des fibres,
- De bonnes propriétés d'adhésion,
- Polymérisation à la température ambiante,
- Une bonne résistance aux agents chimiques,
- Absence de température de fusion, etc.

Leurs inconvénients, sont principalement :

- Un intervalle de température de fonctionnement limité par une limite supérieure donnée par la température de transition vitreuse,
- Pauvre ténacité vis-à-vis de la rupture ("comportement fragile"),
- Sensibilité à l'humidité.

Les résines thermodurcissables couramment employées dans les applications de génie civil sont les résines époxy. Les résines polyester et vinylester sont également utilisées.

---

[1] Processus de Formation Chimiques
[2] Dépôt Chimique en phase Vapeur

Lorsque le matériau est mélangé directement au niveau du site de construction, il doit être, toujours, manipulé par un personnel spécialisé.

Le tableau suivant donne un ordre de grandeurs des caractéristiques des résines usuellement employées dans la production des matériaux composite en PRF :

Résine	Masse volumique [Kg/m³]	Résistance à la traction [MPa]	Module élastique [GPa]	Déformation à la rupture [%]	Température maximale d'utilisation à long terme [°C]
Polyester	1.2	50 – 65	3.0	2 – 3	120
Vinylester	1.15	70 – 80	3.5	4 – 6	140
Epoxyde	1.1 – 1.4	50 – 90	3.0	2 – 8	120 – 200

Tableau II-6 : Propriétés des résines

2.3. Propriétés mécaniques des composites "PRF " :

Les propriétés mécaniques des matériaux composites varient considérablement. Ces propriétés dépendent des fibres contenues dans le composite (type, quantité et direction), de la matrice utilisée, et du rapport volume-fibre, c'est à dire le ratio du volume des fibres par rapport au volume total du composite. Elles sont aussi affectées par le volume ou la dimension du composite lui-même. En général, les composites de fibres de carbone sont plus solides et plus rigides que les composites de fibres de verre. Le **Tableau II-7** résume les principales propriétés mécaniques des matériaux composites couramment utilisés en génie civil.

Matériaux composites unidirectionnels	Contenu en fibres [% par poids]	Densité [kg/m³]	Module d'élasticité longitudinale [GPa]	Résistance à la traction [MPa]
Fibres de verre / polyester (PRFV laminé)	50 – 80	1600 – 2000	20 – 55	400 – 1800
Carbone / époxy (PRFC laminé)	65 – 75	1600 – 1900	120 – 250	1200 – 2250
Aramide / époxy (PRFA laminé)	60 – 70	1050 – 1250	40 – 125	1000 – 1800

Tableau II-7 : Propriétés mécaniques typiques des composites "PRFC", "PRFV" et "PRFA".

Les trois types des composites, nommés «PRFV», «PRFC» et «PRFA» sont utilisés pour le renforcement des structures en béton armé, à la fois dans des applications pratiques ou de recherches. Les composites «PRF» avec des fibres unidirectionnelles montrent une large variété de résistances et de rigidités de ces matériaux. Les valeurs données dans le dernier tableau sont à titre indicatif, et il peut exister quelques produits particuliers qui ont des propriétés différentes que celles indiquées dans ce tableau.

Concernant le module d'élasticité ou la résistance à la traction d'un composite «PRF» formé par le processus de stratification directe, on remarque que l'épaisseur du composite est généralement difficile à contrôler ou à définir avec précision ; on est amené à utiliser l'épaisseur du voile de fibre ou bien une épaisseur nominale généralement recommandée par le fabricant.

Par conséquent, les modules d'élasticité et les résistances à la traction dépendent de la définition de l'épaisseur et peut être donc loin des valeurs indiquées dans le Tableau II-7 avec une grande marge. Sans se soucier du type de fibres utilisées ou de la méthode de mise en œuvre du composite, les trois types des matériaux composites "PRF" ont le même comportement linéaire-élastique avec une rupture fragile en traction. C'est une propriété très importante en termes d'utilisation structurelle des composites "PRF". La **Figure II-7** montre des courbes (contraintes-déformations) typiques pour des composites "PRFV", "PRFC", et des aciers doux.

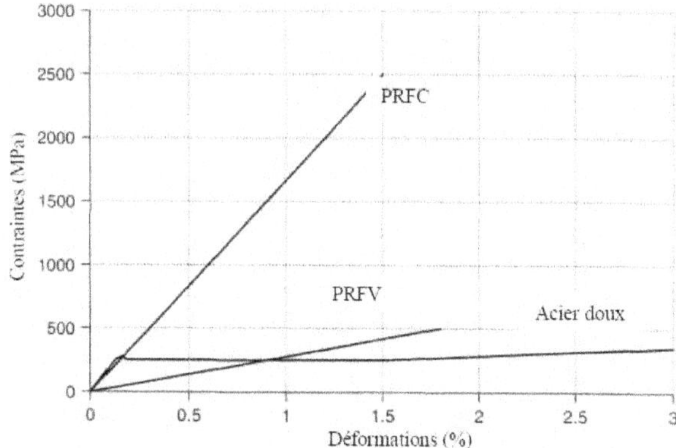

Figure II-7 : Courbes typiques (contraintes-déformations) des composites "PRFC", "PRFV" et des aciers doux.

A partir des observations faites sur ces courbes, on peut remarquer :

- que ces composites sont caractérisés par des relations contraintes-déformations linéaires.
- une différence entre le comportement fragile des composites "PRF" et le comportement ductile de l'acier doux, ce qui donne deux grandes conséquences structurelles:
    - Premièrement, ces matériaux composites ne possèdent pas la ductilité des aciers, et leur fragilité va limiter le comportement ductile des éléments en béton armé renforcés par les composites "PRF". Néanmoins, lorsqu'on l'utilise pour le confinement du béton, ces matières peuvent rehausser grandement la force et la ductilité des poteaux.
    - La deuxième implication du comportement fragile des composites "PRF" c'est que la redistribution des contraintes est restreinte à cause du manque de ductilité.

Par conséquent, le dimensionnement des structures en béton armé renforcées avec des matériaux composites "PRF" ne peut suivre les méthodes existantes pour le béton armé classique, on assimilant tous simplement le PRF à un renforcement en acier équivalent. Donc ces méthodes ont besoin d'être modifiées pour prendre cette fragilité en considération en se basant sur des recherches poussées.

2.4. Comparaison des performances dans le renforcement des structures :

Les composites "PRFC" ont des propriétés supérieures que celles des composites "PRFV", mais ces derniers ont l'avantage d'être moins cher. Le **Tableau II-8** donne une comparaison qualitative des différents composites "PRF" couramment utilisés pour les applications de renforcement des structures en béton armé.

Critères	Tissus de composites en :		
	Fibres de Verre-E	Fibres de Carbone	Fibres d'Aramide
Force de traction	Très bonne	Très bonne	Très bonne
Force de compression	Bonne	Très bonne	Inadéquate
Module de Young	Adéquat	Très bon	Bon
Comportement à long terme	Adéquat	Très bon	Bon
Comportement à la fatigue	Adéquat	Excellent	Bon
Densité apparente	Adéquate	Bonne	Excellente
Résistance à l'alcaline	Inadéquate	Très bonne	Bonne

Tableau II-8 : Comparaison qualitative entre Verre-E, Carbone-HR et fibres d'Aramide.

CHAPITRE III :

SYNTHESE BIBLIOGRAPHIQUE SUR LA TECHNIQUE NSM

1. INTRODUCTION :

Les travaux de recherche qui ont été consacrés pour le renforcement en flexion des poutres à l'aide des matériaux composites introduits à l'intérieur du béton selon la technique NSM, restent jusqu'à présent peu nombreux, comparativement aux travaux dédiés au renforcement des poutres en flexion selon la technique EBR, qui consiste à coller en surface les renforts en matériaux composites.

Toutefois, l'on note, depuis peu de temps, une accumulation croissante des recherches expérimentales, consécutives à l'intérêt grandissant que suscite la recherche sur cet aspect du renforcement selon la technique NSM. Ceci motive l'élaboration, dès maintenant, d'une base de données propre au renforcement en flexion des poutres à l'aide de matériaux composites NSM.

2. CONTEXTE :

Les données expérimentales de la base de données NSM-BD ont été récoltées à partir d'une recherche documentaire, portant sur 11 travaux consacrés au renforcement en flexion des poutres en béton armé à l'aide de matériaux composites. La liste des dits travaux, ainsi que les auteurs correspondants, sont résumés dans le **tableau III-1** suivant :

N⁰	Article	Auteurs	Année de publication
01	RC beams strengthened with NSM CFRP rods and modeling of peeling-off failure	- Firas Al-Mahmoud - Arnauld Castel - Raoul François - Christian Tourneur	2010
02	Groove and embedding techniques using CFRP trapezoidal bars for strengthening of concrete structures	- Ha Gee Joo - Kim Yun Yong - Cho Chang Geun	2007
03	Flexural strengthening of reinforced lightweight polystyrene aggregate concrete beams with NSM GFRP bars	- W.C. Tang - R.V. Balendran - A. Nadeem - H.Y. Leung	2005
04	Assessing the effectiveness of embedding CFRP laminates in the near surface for structural strengthening	- Joaquim A.O. Barros - Débora Ferreira - Adriano S. Fortes - Salvador J.E. Dias	2005
05	Flexural strengthening of RC beams with prestressed NSM CFRP rods - Experimental and analytical investigation	- Moataz Badawi - Khaled Soudki	2009
06	Experimental performances of RC beams strengthened with FRP materials	- F. Ceroni	2010
07	Partially bonded near-surface-mounted CFRP bars for strengthened concrete T-beams	- Khaled Soudki - Han T. Choi - Jeffrey S. West	2011
08	Efficiency of different techniques in flexural strengthening of RC beams under monotonic and fatigue loading	- Joaquim A.O. Barros - José M. Sena-Cruz - Mario R.F. Coelho - Luis F.F.T. Silva	2011
09	Efficacy of CFRP-based techniques for the flexural and shear strenghtening of concrete beams	- Joaquim A.O. Barros - Salvador J.E. Dias - J.L.T. Lima	2006

10	Experimental Investigation on Flexural Behavior of RC Beams Strengthened by NSM CFRP Reinforcements	- Woo Tai Jung - Young Hwan Park - Jong Sup Park - Jae Yoon Kang - Young Jun You	N/A
11	Flexural response of reinforced concrete members strengthened with near-surfaced-mounted CFRP strips	- Nam Hong Ki - Won Han Jae - Woo Seo Dong - Hoon Han Sang	2011

Tableau III-1 : liste des travaux retenus pour le montage de la base de données.

Les travaux cités en amont sont, dans la quasi-totalité, de nature expérimentale. Les données à extraire concernent, principalement, les propriétés géométriques des spécimens mis à l'essai, les paramètres étudiés et les principaux résultats obtenus, en particulier les gains en charges dues au PRF et les modes de rupture observées.

Ci-après le développement de quelques essais effectués dans le cadre des recherches sur le renforcement des poutres en béton armé par PRF-NSM et qui font partie de la synthèse bibliographique établie pour monter la base de données :

2.1. <u>ESSAI N°11</u> : FLEXURAL RESPONSE OF REINFORCED CONCRETE MEMBERS STRENGTHENED WITH NEAR-SURFACE-MOUNTED CFRP STRIPS (Le Comportement en Flexion des Membres en Béton Armé Renforcés par des Lamelles en PRFC NSM)

2.1.1. Introduction :

Des essais et analyses ont été effectués dans cette étude pour l'évaluation de la capacité flexionnelle des membres en béton armé (BA) renforcés par la technique NSM. Cette dernière attire l'attention comme une solution alternative pour d'autres techniques de collage par la surface extérieure des membres renforcés. Des essais de flexion à quatre points ont été effectués sur 14 spécimens en BA. Les paramètres de recherche tels que la géométrie de la section (200x400 et 400x200), la résistance en compression du béton (27 et 34 MPa), le taux d'armatures d'acier tendues (0.43, 0.68, 0.98 et 1.42%), et le nombre des lamelles PRFC (une, deux et trois lignes) ont été considérés. A travers les scénarios d'essai, l'effet de chaque paramètre de recherche sur le mode de ruine et la capacité flexionnelle des membres BA renforcés par PRFC NSM, a été évalué. Les résultats des essais ont montré que les membres BA renforcés par la technique NSM vont à la ruine à cause de la rupture partielle du PRFC accompagnée par l'écrasement du béton dans la zone comprimée de la section, ainsi l'aire de la section du renfort PRFC, aussi bien que la géométrie de la section des membres BA, ont un effet considérable sur la capacité du renfort.

Par conséquent, les essais sont effectués en sélectant comme paramètres de recherche ; le taux d'armatures d'acier tendues et le taux du renfort PRFC. Ces derniers ont un effet considérable sur le comportement en flexion des membres BA renforcés par la technique NSM. Les résultats de cette étude peuvent être effectivement utilisés dans l'élaboration des normes et règlements, ainsi dans l'évaluation des performances de la technique NSM.

2.1.2. Programme expérimental :
a. Configuration des spécimens :

Pour évaluer l'effet des paramètres de recherche sur la capacité de renforcement flexionnelle des poutres en BA renforcées suivant la technique NSM avec des lamelles en PRFC, au total 14 spécimens ont été préparés. Deux géométries pour la section transversale des poutres spécimens ont été adoptées, à savoir (250x400) et (400x200) mm, tel qu'il est montré dans figure III-1. Indépendamment de la géométrie des sections transversales des poutres spécimens, la longueur totale et la portée de celle-ci sont, respectivement, 4,000 et 3,600 mm. La longueur du renfort en lamelles de PRFC est la même pour tous les spécimens, elle est de 2,880 mm, soit 80% de la portée nette. Pour éviter que la ruine par cisaillement prendra lieu avant celle par flexion, des cadres de diamètre 9.53 mm ont été placés et espacés par 100 mm pour tous les spécimens. L'enrobage des armatures est assuré par une épaisseur du béton de 30 mm, et 3 barres d'armatures en acier assureront la variabilité du taux d'armatures tendues pour chaque spécimen.

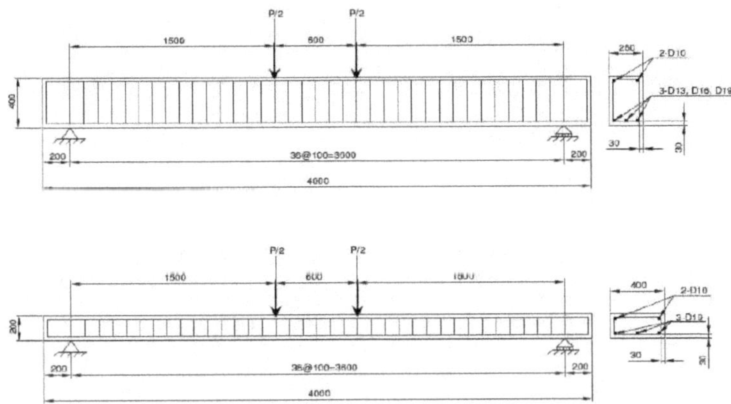

Figure III-1 : Détails des spécimens

b. Les paramètres de recherche (variables d'essai) :

Les paramètres de recherche sont la géométrie de la section, la résistance en compression du béton, le taux d'acier d'armatures tendues et le nombre des lamelles PRFC. Les valeurs des paramètres de recherche sont présentées dans le tableau III-2. Le code du spécimen indique dans l'ordre de géométrie de la section (soit, A: 250x400 mm, et B: 400x200 mm), la résistance en compression du béton (soit, L: 27 MPa, et M: 34 MPa), le taux d'acier des armatures tendues (soit, I=0.43%, II=0.68%, III=0.98% et IV=1.42%) et le nombre des lamelles PRFC (soit, 1, 2 et 3).

Spécimen	Section transversale	La résistance en compression (MPa)	Taux d'acier tendu (%)	Nombre des lamelles PRFC
ALII	250 x 400	27	0.68	-
ALII-2		27	0.68	2
AMI		34	0.43	-

AMI-2		34	0.43	2
AMII		34	0.68	-
AMII-2		34	0.68	2
AMIII		34	0.98	-
AMIII-1		34	0.98	1
AMIII-2		34	0.98	2
AMIII-3		34	0.98	3
BMIV	400 x 200	34	1.42	-
BMIV-1		34	1.42	1
BMIV-2		34	1.42	2
BMIV-3		34	1.42	3

$$\underset{①}{\text{A}} \ \underset{②}{\text{L}} \ \underset{③}{\text{II}} - \underset{④}{\text{2}}$$

① Dimension de la section, b x h (A = 250 x 400 mm, B = 400 x 200 mm)

② Résistance en compression du béton (L = 27, M = 34)

③ Taux d'acier tendu (I = 0.43%, II = 0.68%, III = 0.98%, IV = 1.42%)

④ Nombre des lamelles PRFC (1,2 ou 3)

Tableau III-2 : Variables d'essai (les paramètres de recherche)

c. Matériaux :

La taille maximale des agrégats du béton utilisé pour la confection des spécimens est de 25 mm. Les formulations du béton sont montrées dans le tableau III-3. Au même moment de coulage du béton pour spécimens, trois éprouvettes cylindriques de Ø100 x 200 mm ont été prélevées à partir de chaque gâche. Après 28 jours, la résistance en compression du béton est déterminée par un essai d'écrasement opéré sur les éprouvettes prélevées.

Résistance théorique (MPa)	Affaissement (cm)	Teneur en aire (%)	E/B (%)	S/a (%)	Poids spécifique (Kg/m³)					
					E	C	S	G	CV	ADJ
21.0	15.0	4.5	53	49	169	287	863	916	32	1.92
27.0	15.0	4.5	47	49	169	319	852	904	35	2.12

*E : eau, C : ciment, S : sable, G : gravier, CV : cendres volantes, ADJ : adjuvants

Tableau III-3 : Formulations du béton pour spécimens

Les armatures d'acier utilisées sont des barres déformables avec des diamètres nominaux de 9.53, 12.7, 15.9 et 19.1mm. Pour les armatures d'acier tendues les diamètres 12.7, 15.9 et 19.1mm ont été utilisés. Pour les armatures d'acier comprimées et les armatures de cisaillement, un diamètre de 9.53 mm a été utilisé également pour tous les spécimens. Les propriétés mécaniques des barres d'acier sont déterminées par l'essai de traction direct, tel qu'il est montré dans le tableau III-4.

No.	Diamètre nominal (mm)	Module d'élasticité (MPa)	Résistance à la traction (MPa)	La limite d'élasticité (Mpa)	Déformation ultime (%)
D10	9.53	2×10^5	615	533	17.1
D13	12.7	2×10^5	628	525	18.5
D16	15.9	2×10^5	631	528	16.6
D19	19.1	2×10^5	629	512	16.3

Tableau III-4 : Propriétés des barres d'armatures

Les lamelles de PRFC ont une section rectangulaire de 10mm de largeur et une épaisseur de 2.8mm. Le module d'élasticité, la résistance ultime en traction, la déformation ultime et le taux des fibres dans les lamelles PRFC (fournis par le fabricant, voir tableau III- 5), sont de 165 GPa, 2850±150 MPa, 1.4%, and 63.4%, respectivement.

Module d'élasticité (MPa)	165
La résistance en traction (MPa)	2850±150
La déformation ultime (%)	1.4
Taux des fibres au sein du PRFC (%)	63.4

Tableau III-5 : Propriétés du renfort PRF

Pour le remplissage des engravures, la résine époxy a été utilisée. Cette dernière est produite par le même fabricant qui a fourni les lamelles PRFC, et tel qu'il est montré dans le tableau III-6, la résistance en compression, la capacité flexionnelle, la force de collage ainsi que la dureté (fournis par le fabricant, voir tableau III-6) sont de 80.3 MPa, 42.4 MPa, 3.0 MPa, et 84 HDD, respectivement.

La résistance en compression (MPa)	80.3
La résistance en flexion (MPa)	42.4
La résistance de collage (MPa)	3.0
Dureté (HDD)	84

Tableau III-6 : Propriétés du matériau de remplissage (résine époxy)

d. La méthode de renforcement :

Le processus de renforcement selon la technique NSM et la localisation des engravures dans la section, sont montrés dans les figures III-2 et III-3, respectivement. Pour faciliter le découpage des engravures, les spécimens ont été laissés durcir pendant 28 jours puis retournés à 180°, pour que les engravures soient découpées, comme il est montré dans la figure III-2(a), à l'aide d'un outil de découpage pour béton. La scie de découpage a été ajustée pour fixer la largeur et la profondeur de l'engravure pour être 4 et 15 mm chacune, et la longueur de l'engravure est de 2880 mm soit 80% de la portée nette. La figure III-3(a) montre le spécimen témoin sans engravures, pour les autres configurations, les engravures ont été opérées au-dessous des armatures d'acier tendues comme le montre la figure III-3 (b). Les engravures dans les spécimens renforcés par deux lamelles PRFC sont coupées à la mi-distance entre les barres d'acier tendues (voir figure III-3(c)). En plus, les engravures des spécimens renforcés par trois lamelles PRFC sont opérées au-dessous de chaque armature d'acier tendue, comme il est montré dans la figure III-3(d). La poussière issue de l'opération de découpage et déposée dans les engravures et sur la surface de la poutre, a été complètement enlevée à l'aide d'air comprimé.

Le renforcement NSM est effectué en remplissant les deux tiers (2/3) des engravures avec de la résine époxy, puis on introduit la lamelle PRFC dans l'engravure, et après on effectue le traitement de surface. La forme du spécimen avec le travail de renforcement fini, est montrés dans la figure III-2(b).

Les spécimens renforcés ont été laissés durcir pendant 7 jours, puis les essais de flexion ont été effectués.

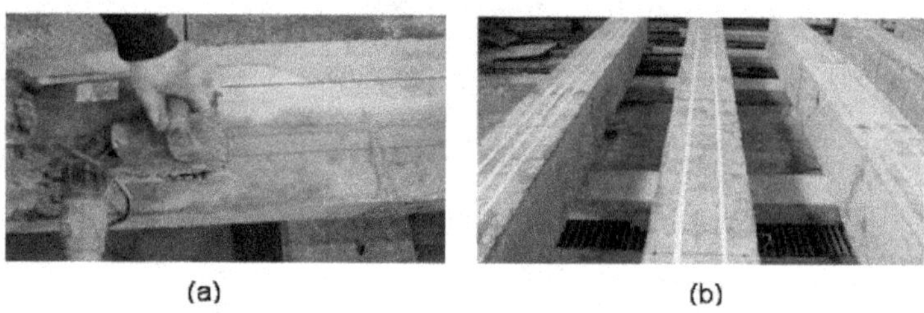

(a)   **(b)**

Figure III-2 : Préparation des spécimens : (a) découpage des engravures,

(b) : lamelles PRFC après insertion.

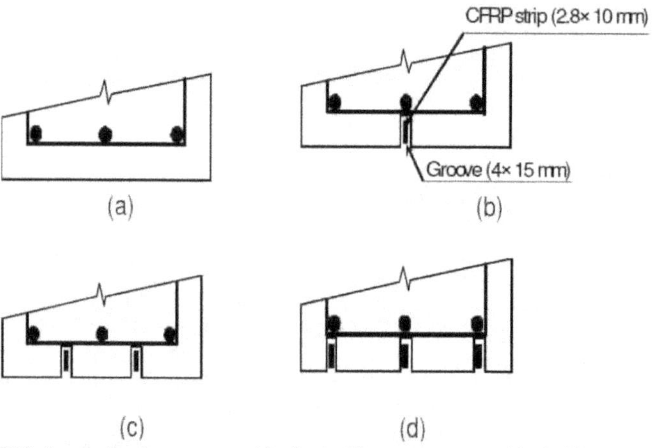

Figure III-3 : Localisation des engravures, (a) : témoin, (b) : mono engravure, (c) : double engravures, (d) : triple engravures.

e. Mode de chargement et instruments de mesure :

Tel qu'il est montré dans la figure III-4, le spécimen est supporté par des appuis simples, et placé sous un chargement à deux points.

Figure III-4 : Configuration de l'essai.

Le chargement a été appliqué par la méthode des déplacements contrôlés, à une vitesse de 1mm/s en utilisant un vérin hydraulique avec une capacité de 500KN et attaché au portique métallique. Le déplacement vertical ayant lieu à mi-travée durant chaque niveau de chargement, a été mesuré par 2 LVDT installé sous le centre de la sous-face du spécimen. En plus, les déformations des armatures tendues et du renfort PRFC, sont mesurées à l'aide des jauges de déformation attachées au centre du spécimen. La charge, le déplacement et la déformation mesurés pour chaque niveau de chargement, sont automatiquement sauvegardés par un enregistreur de données.

La formation et l'état d'évolution des fissures qui sont produites a chaque niveau de chargement, sont enregistrés sur les faces du spécimen. Après l'achèvement de l'essai, la zone du béton tendu avec les gros dommages a été brisée par un marteau piqueur, et le degré d'endommagement du renfort PRFC a été examiné.

2.1.3. Résultats d'essai :
a. Mode de ruine :

Le mode de ruine final de chaque spécimen est déterminé en se référant à l'initiation et l'évolution des fissures, et aux valeurs saisies par les jauges de déformation attachées à la lamelle PRFC et aux armatures principales de traction. Les modes de ruine finale de chaque spécimen sont montrés dans le tableau III-7.

Tous les spécimens témoins, sans renforcement, atteignent la ruine suivant le mode de ruine typique à la flexion. Dans cette dernière, des fissures de flexion sont survenues dans la partie basse de la poutre à mi-travée et avec des espacements réguliers durant le premier niveau de chargement. Avec l'augmentation de la charge, ces fissures de flexion se développent verticalement vers la zone comprimée de la section. Lorsque la déformation des barres d'acier atteint la déformation limite élastique, les fissures de flexion à mi-travée s'élargissent et la flèche verticale commence à augmenter rapidement. La poutre **AMI** avec le plus petit taux d'acier des armatures tendues, montre un mode de ruine par flexion typique, où une flèche verticale de 50mm ou plus survient même quand il n'y a pas de dommages substantiels dans le béton de la zone comprimée de la section. En revanche, les spécimens **ALII, AMII, AMIII,** et **BMIV** subissent le mode ruine par flexion-compression, où la charge est maintenue pour une période du temps, et lorsque le béton dans la zone comprimée commence à s'écraser, la flèche verticale augmente rapidement. En outre, le comportement des spécimens à la ruine montre que plus le taux d'armatures tendues est grand, plus le déplacement au point de la ruine par compression tend de se diminuer.

Spécimen	P_e (KN)	P_u (KN)	δ_u (mm)	$(P_u$-$P_{u0})/P_{u0}$ (%)	*Mode de ruine
ALII	145.95	149.94	40.64	-	PL, EB
ALII-2	166.39	194.55	32.90	29.75	PL, EB, RR
AMI	101.00	103.10	42.82	-	PL, EB
AMI-2	111.12	146.86	33.52	42.44	PL, RR
AMII	137.32	155.34	50.04	-	PL, EB
AMII-2	160.33	196.82	34.32	26.70	PL, EB, RR
AMIII	186.44	196.00	35.14	-	PL, EB
AMIII-1	185.62	208.48	29.22	6.37	PL, EB, RR
AMIII-2	195.31	232.10	35.24	18.41	PL, EB, RR
AMIII-3	198.79	240.58	35.18	22.74	PL, EB, RR
BMIV	72.52	79.18	67.60	-	PL, EB
BMIV-1	79.03	89.02	64.92	12.40	PL, EB, RR
BMIV-2	79.03	94.78	68.34	19.70	PL, EB, RR
BMIV-3	83.11	104.92	72.30	32.51	PL, EB, RR

*PL : plastification des armatures tendues
EB : écrasement du béton comprimé
RR : rupture par traction du renfort PRFC

Tableau III-7 : Résultats des essais.

Les spécimens renforcés par la technique NSM ont, tous montré le même comportement à la ruine. Par conséquent, le comportement à la ruine des spécimens renforcés selon la technique NSM est expliqué sur les bases du comportement à la ruine des poutres **AMI-2**, **AMII-2**, et **AMIII-2**, qui sont respectivement montrés dans la figure III-5. Quand la charge dépasse la valeur de 50KN, des fissures de flexion commencent à se former à partir du centre de la poutre avec des intervalles de l'ordre de 100mm. Quand la charge dépasse approximativement les valeurs de 70 à 80KN, les fissures de flexion dans la région centrale de la poutre, se développent verticalement pour atteindre les 200mm de longueur. A partir de ce point, et à mi-travée du spécimen, les fissures de flexion commencent à se former dans la résine époxy utilisée comme matériaux de remplissage des engravures. Avec la plastification des armatures tendues, la vitesse de chargement diminue et devient très lente et la flèche verticale commence à augmenter rapidement. A ce point-là, la flèche verticale du spécimen **AMI-2**, avec le plus petit taux d'acier, augmente nettement avec un dégagement d'un grand bruit provoqué par la rupture du renfort PRFC, ainsi l'essai est terminé. Comme il est montré dans la vue globale de la ruine finale dans la figure III-5(a), l'écrasement du béton dans le spécimen **AMI-2** n'aura pas lieu. Dans tous les spécimens sauf **AMI-2**, quand les fissures de flexion s'élargissent, la ruine commence par l'écrasement du béton comprimé. Avec l'augmentation de la zone du béton écrasé, la flèche verticale à mi-travée augmente considérablement, et quand la lamelle du PRFC se fracture dans la zone tendue avec le dégagement d'un bruit assourdissant, l'essai arrive à sa fin. En examinant la figure III-5, *on peut confirmer que lorsque le taux des armatures tendues augmente, la zone du béton écrasé* *augmente considérablement.* L'examen des spécimens après l'achèvement de tous les essais, a confirmé qu'aucun glissement n'a eu lieu entre le renfort PRFC et le support en béton.

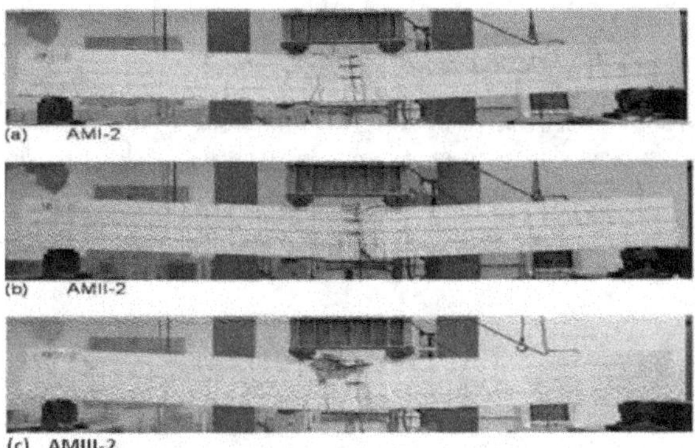

Figure III-5 : Les Modes de ruine observés.

Il a été aussi vérifié que l'endommagement dans le béton tendu pour les spécimens **AMIII-1, AMIII-2** et **AMIII-3** avec une section de 250 x 400 mm, a été plus important par rapport aux spécimens **BMIV-1, BMIV-2,** et **BMIV-3** avec une section de 400 x 200 mm. Cela est dû à la petite distance entre les axes des renforts PRFC dans les spécimens avec la section 250 x 400 mm, par rapport aux spécimens avec la section 400 x 200 mm. En plus, comme la figure III-6 le montre, seulement 70 à 80% des lamelles PRFC de tous les spécimens ont été rompues, et l'apparition de l'arrachement local a été vérifiée. Ce phénomène a une tendance à apparaitre lorsque la hauteur de la lamelle PRFC est très grande par rapport à son épaisseur, et sous la tension de flexion, une grande différence de contraintes se produit du fait de l'élancement de la section du renfort PRFC.

Figure III-6 : Endommagement du PRFC après l'essai.

b. L'effet de la résistance du béton en compression :

La figure III-7 représente les courbes charge-déplacement des spécimens ALII-2 et AMII-2 qui ont le même taux d'armatures tendues et le même nombre de renforts, mais une résistance en compression différente de 27 et 34 MPa. Elle, représente également les courbes charge-déplacement des spécimens ALII et AMII, et qui sont des poutres témoins pour ALII-2 et AMII-2, respectivement. Les spécimens ALII-2 et AMII-2 montrent le même comportement avant et après la plastification des armatures d'acier tendues. Pour les spécimens ALII-2 et AMII-2 renforcés par deux lamelles PRFC, la charge augmente, au point de la plastification, par 45 et 41 KN, respectivement, par rapport aux spécimens ALII et AMII. En plus, la charge continue à augmenter pour AMII-2 et ALII-2 même après la plastification des armatures tendues, puis elle chute rapidement à cause de l'écrasement du béton au point où la flèche à mi-travée pour chacune des poutre atteint 32.90 et 34.32mm, respectivement. Les charges ultimes des spécimens ALII et AMII sont 149.94 et 155.34 KN, respectivement. En outre, les charges ultimes des spécimens ALII-2 et AMII-2, relativement aux poutres témoins, affichent des augmentations de 29.75 et 26.70% respectivement.

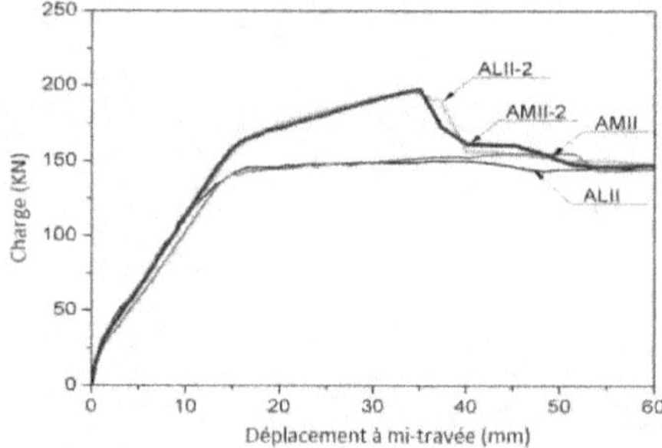

Figure III-7 : Comparaison des courbes charge-déplacement respectivement à la résistance en compression du béton pour les spécimens ALII-2, AMII-2, AMII et ALII.

La relation charge-déformation PRFC des spécimens ALII-2 et AMII-2 est montrée dans la figure III-8. Il est possible de confirmer que la déformation des lamelles PRFC insérées dans les spécimens ALII-2 et AMII-2, montre aussi un comportement similaire. Les déformations des lamelles PRFC des deux spécimens commence à augmenter après la formation des premières fissures dans la zone tendue de la section, et augmente rapidement quand la charge s'élève après plastification des armatures tendues. Les déformations effectives des lamelles PRFC renforçant les spécimens ALII-2 et AMII-2 sont 10410 et 11285 , respectivement, et elles ne montrent pas une grande différence.

Par conséquent, on peut conclure, à partir des résultats de ces spécimens, *que l'effet de la résistance en compression du béton sur le comportement des membres en BA renforcés en flexion par la technique NSM, est négligeable.*

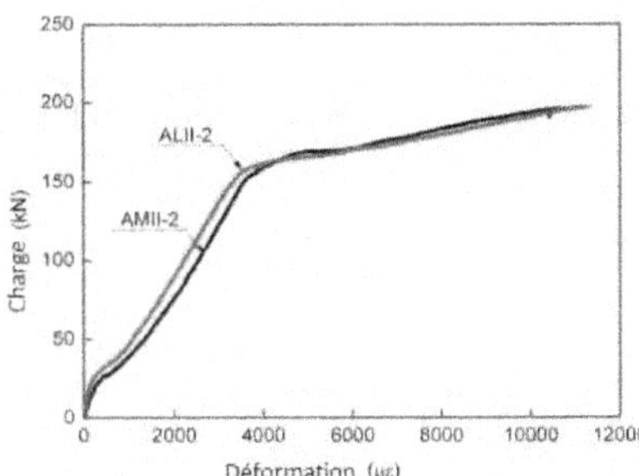

Figure III-8 : Comparaison des courbes charge-déformation PRFC respectivement à la résistance en compression du béton.

c. L'effet du taux des armatures tendues :

Les courbes charge-déplacement des spécimens AMI-2, AMII-2 et AMIII-2 sont illustrées dans la figure III-9. Ces spécimens ont la même résistance en compression du béton, et le même nombre de renforts PRFC, respectivement 34MPa et 2 renforts. Le taux d'acier des armatures tendues pour les spécimens AMI-2, AMII-2 et AMIII-2 est de 0.43, 0.68 et 0.98%, respectivement. La pente de la courbe charge-déplacement avant la plastification des armatures tendues, se trouve à devenir plus raide lorsque le taux d'acier tendu augmente. Le comportement dans cette section est similaire à celui des poutres témoins AMI, AMII et AMIII. La pente de la courbe charge-déplacement après plastification des armatures de traction est confirmée qu'elle devient un petit peu rapide à 1.29, 1.59 et 1.82KN/mm pour AMI-2, AMII-2 et AMIII-2, respectivement, lorsque le taux d'acier des armatures tendues augmente. La charge ultime des spécimens AMI-2, AMII-2 et AMIII-2 relativement aux poutres témoins, affiche des augmentations de 42.11, 26.70 et 18.4%, respectivement. Cela veut dire que même si le renforcement est effectué avec des lamelles PRFC identiques, *il se trouve que l'efficacité du renforcement diminue avec l'augmentation du taux d'acier des armatures tendues.*

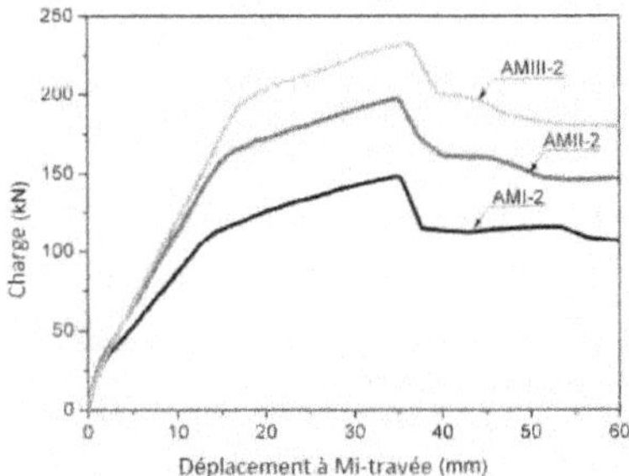

Figure III-9 : Comparaison des courbes charge-Déplacement respectivement au taux d'armatures tendues pour les spécimens AMI-2, AMII-2 et AMIII-2.

Les relations charge-(déformation effective PRFC) des spécimens AMI-2, AMII-2 et AMIII-2 sont illustrées dans la figure III-10. Cette dernière, montre que, indépendamment du taux d'armatures tendues, il n'y a presque aucune déformation dans les lamelles PRFC de tous les spécimens avant la fissuration du béton. Cela indique aussi que plus le taux d'acier tendu est petit, l'augmentation de la déformation dans le renfort PRFC est plus aigüe, immédiatement après la formation des premières fissures dans le béton tendu. Cela peut être prédit à se produire, parce que la transmission des charges au renfort PRFC survient plus tôt chez un spécimen avec un taux d'armatures plus petit. Sous les charges ultimes, la déformation ultime du renfort PRFC dans les spécimens AMI-2, AMII-2 et AMIII-2 est de 10034, 11285 et 11359 , respectivement. *Cela montre que lorsque le taux d'acier des armatures tendues augmente, la déformation ultime du renfort PRFC augmente légèrement, sans une grande différence.*

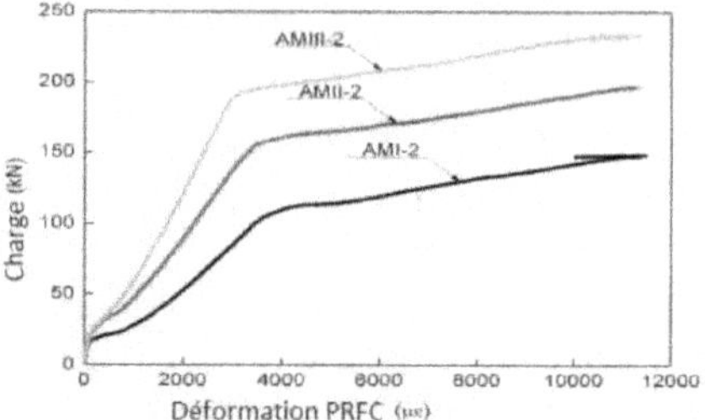

Figure III-10 : Comparaison des courbes charge-Déformation PRFC respectivement au taux d'armatures tendues pour les spécimens AMI-2, AMII-2 et AMIII-2.

d. L'effet du nombre des renforts PRFC et de la géométrie de la section :

Les courbes charge-déplacement des spécimens AMIII, AMIII-1, AMIII-2 et AMIII-3 sont schématisées dans la figure III-11. Ces poutres ont la même section (250 x 400mm), la même résistance en compression du béton (34 MPa), et le même taux d'armatures tendues (0.98%), mais un nombre de renforts PRFC différent, il est de 0, 1, 2, et 3, respectivement pour AMIII, AMIII-1, AMIII-2 et AMIII-3. Les courbes charge-déplacement des spécimens BMIV, BMIV-1, BMIV-2 et BMIV-3 sont illustrées dans la figure III-12. Ces spécimens ont, aussi, la même section (400 x 200mm), la même résistance en compression du béton (34 MPa), et le même taux d'armatures tendues (1.42%), mais un nombre de renforts PRFC différent, il est de 0, 1, 2, et 3, respectivement pour BMIV, BMIV-1, BMIV-2 et BMIV-3.

En observant la figure III-11, on constate que les spécimens AMIII-1, AMIII-2 et AMIII-3 montrent des augmentations en charges de 6.37, 18.41 et 22.74%, respectivement, par rapport à la charge ultime supportée par la poutre témoin AMIII. A la lumière de ces résultats, on peut conclure que *les performances du renforcement n'augmentent pas linéairement avec le nombre des renforts en lamelles PRFC, mais tendent à se converger dans certain niveau.* On estime que, tant que la ruine n'est due à la rupture du renfort PRFC, mais elle est initiée par l'écrasement du béton, que l'efficacité du renforcement est étroitement liée à la résistance en compression du béton. Les spécimens BMIV, BMIV-1, BMIV-2 et BMIV-3, montrent dans la figure III-12 des augmentations en charge de 12.40%, 19.70% et 32.51%, respectivement, par rapport à la charge ultime de la poutre témoin BMIV. A partir de ces résultats, on peut affirmer que, contrairement à la série des spécimens AMIII, pour la série BMIV, la charge ultime augmente proportionnellement au nombre des lamelles PRFC. Cela est éventuellement dû à la grande largeur de la section transversale des poutres BMIV qui permet de supporter la force de compression.

Pour les séries des spécimens AMIII et BMIV, il a été vérifié à travers les figures III-11 et III-12, que la ruine commence, respectivement, dans les intervalles 30 à 35 et 65 à 72mm, très indépendamment du nombre de renfort PRFC. Ces résultats montrent que la ruine, pour toutes les séries de spécimens AMIII et BMIV, ne commence pas par la fracturation du renfort PRFC, mais plutôt, par l'écrasement du béton dans la zone comprimée de la section.

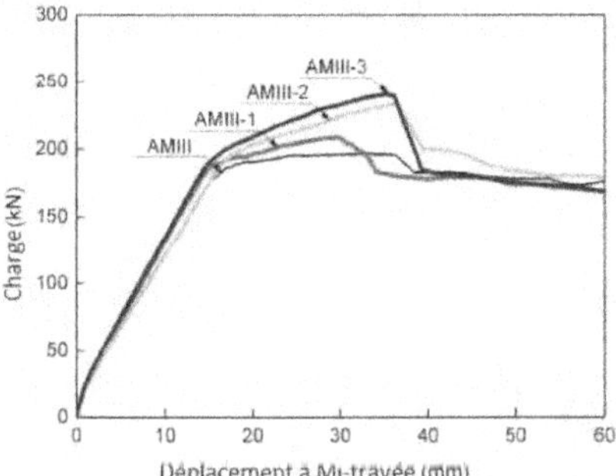

Figure III-11 : Comparaison des courbes charge-Déplacements respectivement au nombre des renforts PRFC (pour la série AMIII)

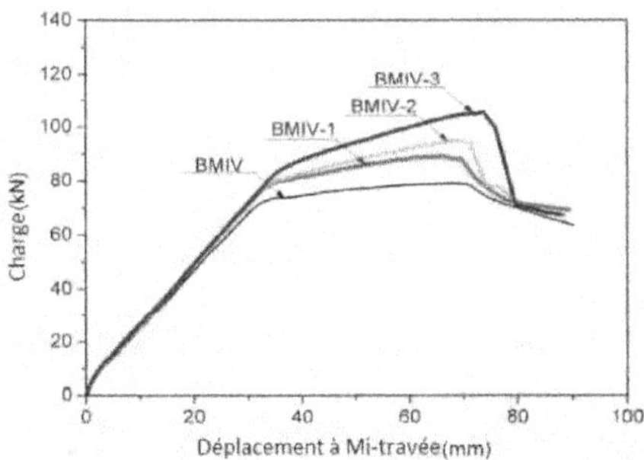

Figure III-12 : Comparaison des courbes charge-Déplacements respectivement au nombre des renforts PRFC (pour la série BMIV)

Les figures III-13 et III-14 montrent les relations charge-(déformation à mi-travée du renfort PRFC) pour les séries de spécimens AMIII et BMIV. Elles montrent également le comportement de la déformation des lamelles PRFC pour tous les spécimens renforcés, qui augmente graduellement avant la plastification des armatures tendues, puis ça augmente légèrement après plastification. En se référant à la figure III-13, les déformations maximales des lamelles PRFC des spécimens AMIII-1, AMIII-2, et AMIII-3 estimées être de 10953 , 11359 et 12013 , respectivement. La figure III-14 montre que les déformations maximales du renfort PRFC dans les spécimens BMIV-1, BMIV-2 et BMIV-3 sont de 9873, 11702, et 11456 , respectivement.

Etant donné que le rapport entre la déformation ultime du renfort PRFC déterminée par l'essai de caractérisation, et la déformation maximale du renfort mesurée au sein du spécimen est de l'ordre, approximativement de 79%, on peut conclure que *l'efficacité du renforcement de la technique NSM et considérablement supérieure à celle des autres technique de renforcement basé sur le collage par l'extérieur du renfort PRF, et qui enregistre un rapport d'efficacité ne dépassant pas les 20 à 50%.*

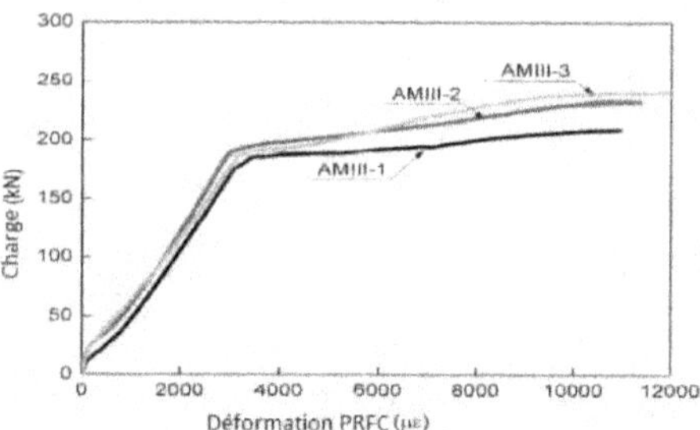

Figure III-13 : Comparaison des courbes charge-déformation PRFC respectivement au nombre des renforts PRFC (pour la série AMIII)

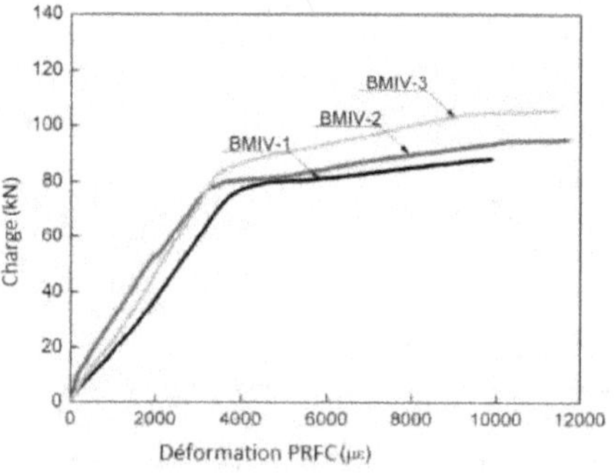

Figure III-14 : Comparaison des courbes charge-déformation PRFC respectivement au nombre des renforts PRFC (pour la série BMIV)

2.1.4. Conclusions :

Dans cette étude, des essais de flexion à quatre points ont été effectués sur des poutres en BA, renforcées en flexion par des lamelles en PRFC NSM, et le comportement en flexion des membres renforcés a été analysé à la base des variables de recherche. Le résumé des résultats dérivés de cette étude est comme suit :

1. La majorité des spécimens renforcés en flexion selon la technique NSM, se ruinent à cause de la rupture du renfort PRFC accompagnée par l'écrasement du béton. Cependant, dans seulement 70 à 80% des ruptures, les lamelles PRFC ne connaissent pas une rupture totale, et des écrasements du béton dans des zones locales surviennent. Cela est dû à un phénomène qui survient à cause de la différence locale des contraintes de traction provoquée par la grande largeur des lamelles PRFC relativement à leur épaisseur.

2. L'effet de la résistance en compression du béton sur les performances du renforcement des membres en BA renforcées en flexion selon la technique NSM, est négligeable, et les performances du renforcement montrent une certaine diminution devant l'augmentation du taux d'acier des armatures tendues. L'effet du nombre de renfort PRFC sur les performances de renforcement varie considérablement en relation avec la géométrie de la section transversale, à cause de la différence de capacité de résistance en compression du béton.

2.2. ESSAI N°1 : RC BEAMS STRENGHTHENED WITH NSM CFRP RODS AND MODELING OF PEELING-OFF FAILURE (Renforcement des poutres en BA par des joncs en PRFC selon la technique NSM et modélisation de la ruine par arrachement du béton d'enrobage)

2.2.1. Introduction :

L'objectif du programme expérimental développé, est d'examiner la possibilité d'utilisation des joncs à base de polymère renforcé de fibres de carbone (PRFC) pour le renforcement des éléments structurels en BA selon la technique NSM. Le comportement global des poutres en BA renforcées est évalué à travers un essai de flexion à quatre points, en considérant l'effet du matériau de remplissage, la résistance en compression du béton et la longueur du renfort PRFC-NSM comme variables d'essai.

Également, le comportement global des consoles en BA renforcées selon la technique NSM et soumises à la flexion, a été observé pour étudier le problème spécifique aux poutres consoles (la pression extérieure du renforcement) et pour examiner le critère d'apparition de la ruine par arrachement du béton d'enrobage. Le comportement global des consoles BA a été comparé avec celui des poutres soumises à un essai de flexion à quatre points.

L'étude a été poussée jusqu'à la charge de ruine, et focalisée sur les changements dans le comportement mécanique, la fissuration, et le mode de ruine des poutres.

2.2.2.   Le Programme Expérimental :
a.   Matériaux :

Un seul type de barre PRF a été utilisé : un PRF Carbone-époxy pultrudé avec un diamètre de 6mm. Le module d'élasticité et la résistance en traction des barres PRFC sont déterminés par des essais au labo. Ils sont 146×10^3 N/mm² et 1875 N/mm², respectivement (Voire figure III-15). Pour modifier l'état de surface des barres, initialement lisse, un revêtement en sable a été appliqué aux barres PRFC, avec des grains de sables d'une taille qui varie entre 0.2 et 0.3mm aspergées sur une fine couche de résine époxy fraichement appliquée sur la surface des barres.

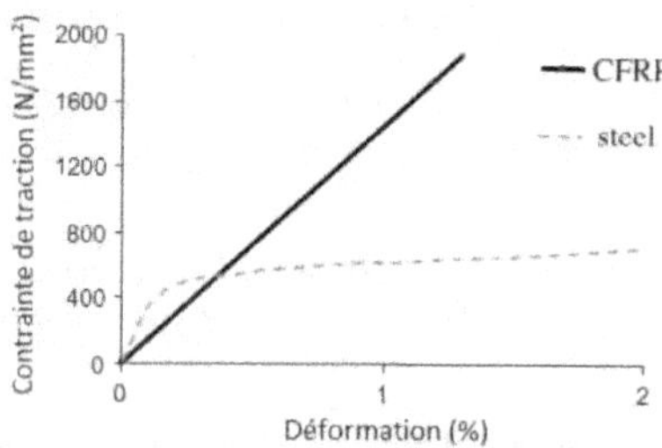

Figure III-15 : Courbes contrainte-déformations typiques d'acier et des barres PRFC

Un seul béton vibré, VC30, a été étudié. Les propriétés du béton durci (résistance en compression, résistance en traction et le module d'élasticité instantané) sont mesurées à 28 jours par des essais effectués sur des cylindres en béton (diamètre = 110, hauteur = 220mm). Les spécimens ont été enlevés des moules après 24h de leur coulage et gardés dans une chambre confinée (T=20°C, humidité = 60%) pondant 28 jours. La résistance en traction du béton a été obtenue à partir d'essai de traction par fendage (essai brésilien). Un seul type de matériau de remplissage a été utilisé, c'est de la résine époxy. Le tableau III-8, montre les propriétés mécaniques mesurées à 28 jours pour les poutres BA, et à 7 jours pour la résine.

Matériaux	Résistance en compression/DS (N/mm²)	Résistance en Traction/DS (N/mm²)	Module élastique/DS (N/mm²)
Résine époxy (7 jours)	83/2.2	29.5/0.8	4.94/0.2
Groupe des consoles (CR)			
Poutre témoin	35.2/1.1	3/0.07	28.9/1.1
S-C (CR) (240)	36.9/1.2	3.3/0.08	31.2/1.3
S-C (CR) (190)	36.5/1.2	3.1/0.06	29.7/1.1
S-C (CR) (150)	37.4/1.3	3.2/0.1	29.9/1
Groupe de poutres sous flexion à quatre points (FPT)			
Poutre témoin	36.7/1.1	3/0.05	30.3/0.9
S-C (FPT) (270)	36.5/0.9	3.2/0.07	27.9/1
S-C (FPT) (210)	36.7/1.3	3.2/0.06	28.1/0.9

Tableau III-8 : Propriétés mécaniques du béton et de la résine.

DS: déviation standard, CR : essai sur console. FPT : essai de flexion à quatre points sur poutres.

b. Procédure d'essai et préparation des poutres :

Un total de 7 poutres, de 3m de longueur et de section rectangulaire (150 x 280cm) ont été testées.

Le premier groupe des poutres (FPT) a été soumis à un chargement monotone croissant à deux points, tel qu'il est montré dans la figure III-16. Les armatures d'acier de traction sont constituées de deux barres nervurées (HA) de diamètre 12mm, tandis que les armatures de compression sont constituées de deux barres HA de diamètre 6mm, ces dernières, s'étendent le long de la zone où le moment de flexion est variable. Les cadres sont en barres HA de 6mm de diamètre avec un espacement constant de 150mm.

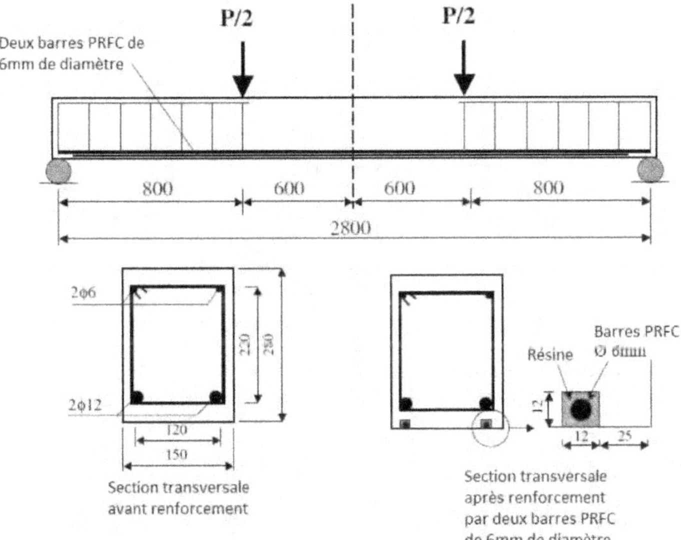

Figure III-16 : Configuration et détails des poutres pour l'essai de flexion à quatre points

Le deuxième groupe (CR) des poutres a été soumis à un chargement monotone croissant avec la partie en console de la poutre, tel qu'il est montré dans la figure III-17. Toutes les armatures d'acier sont constituées de barres filantes HA de 12mm de diamètre. Les cadres sont en barres HA de 6mm de diamètre et espacés de 150mm de part et d'autre.

La limite élastique spécifique et le module d'élasticité des armatures d'acier sont de 600N/mm² et 210 x 10³ N/mm², respectivement. Les dimensions des poutres ainsi que le détail de renforcement, sont montrés dans les figures III-16 et III-17.

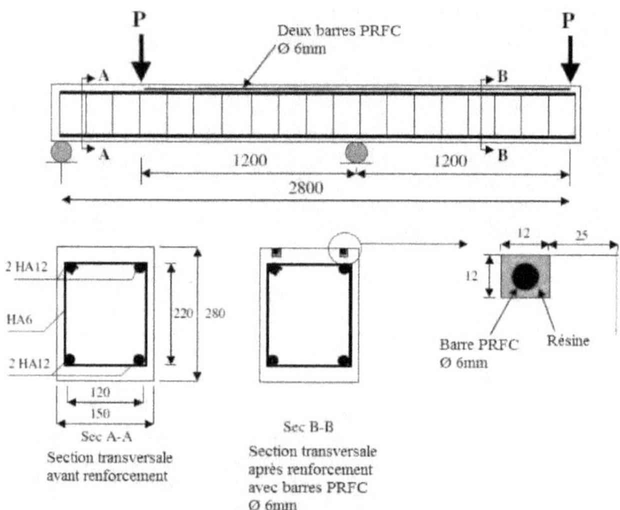

Figure III-17 : Configuration et détails des poutres pour l'essai de flexion des consoles.

L'installation des barres PRFC NSM a été effectuée par le creusement des engravures avec des dimensions spécifiques dans le béton d'enrobage suivant la direction longitudinale sur la face tendue des poutres spécimens. Une scie à béton spéciale avec une lame en diamant a été utilisée pour le découpage des engravures. Le reste des débris de béton après le découpage est ensuite enlevé par un marteau et une pointe de sorte que la sous-face devient rugueuse. Les engravures sont nettoyées à l'aide d'une brosse à air comprimé pour enlever les débris et les particules fines, pour assurer un propre lien entre résine et béton.

Les dimensions des engravures sont montrées dans les figures III-16 et III-17. Les engravures sont à moitié remplies de résine, puis les barres PRFC sont placées et légèrement enfoncées dans l'engravure. Cela force la résine à couler sur les côtés de la barre PRFC. Plus de résine a été appliquée pour remplir l'engravure, et la surface a été nivelée. La poutre a été laissée reposer pendant une semaine, pour assurer le durcissement de la résine. Chaque poutre a été équipée d'un capteur numérique de déplacements, pour mesurer la flèche à mi-travée dans le cas des poutres FPT, et la flèche à l'extrémité de la partie en console des poutres CR.

c. Le Renforcement des poutres :

Le groupe (FPT) : les deux poutres S-C (FPT) (210) et S-C (FPT) (270) ont été renforcées par deux barres PRFC de 6mm de diamètre chacune, intégrées dans la sous-face des poutres et avec une longueur, respectivement, de 210 et 270cm. Le but de prévoir une longueur d'ancrage de 270cm est pour étudier le comportement de la poutre sans aucun dispositif d'ancrage pour les extrémités du renfort PRFC aux droits des appuis. En effet, cette zone de la poutre est difficilement accessible lorsque les barres PRF sont appliquées aux poutres BA dans les structures existantes. La deuxième poutre a été renforcée par deux barres PRFC de 6mm de diamètre et d'une longueur d'ancrage de 210cm. Le but est d'étudier l'effet de la longueur d'ancrage sur le mode de ruine des poutres.

Le groupe (CR) : les poutres S-C (CR) (150), S-C (CR) (190), et S-C (CR) (240) ont été renforcées par deux barres PRFC de 6mm de diamètre intégrées dans leur face supérieure, et avec des longueurs d'ancrage, respectivement, de 150, 190, et 240cm. Le but de cet essai est d'étudier le problème spécifique des poutres consoles (la pression extérieure du renfort), et l'effet de la longueur d'ancrage sur le mode de ruine.

Deux poutres témoins (une pour chaque groupe de spécimens) ont été essayées sans renforcement. Le détail des spécimens est résumé dans la figure III-18.

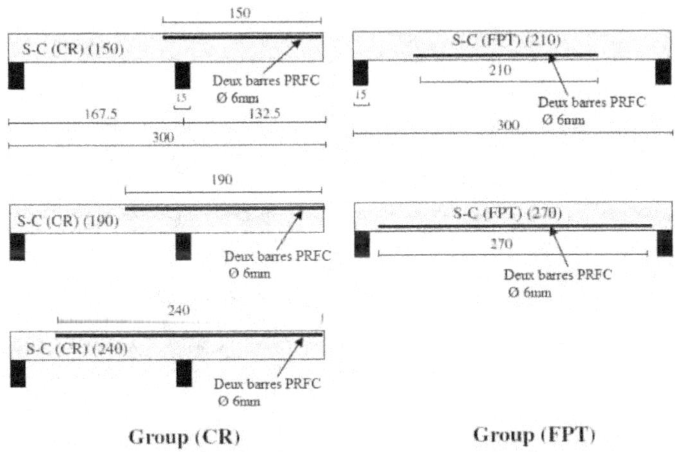

Figure III-18 : Les détails de renforcement des poutres.

2.2.3. Les résultats des essais :
a. Essai de flexion à quatre points (groupe FPT) :

La figure III-19 montre la charge (P) en fonction de la flèche à mi-travée des poutres S-C (FPT) (210), S-C (FPT) (270), et la poutre témoin.

a.1. Le comportement typique globale :

Quand une poutre BA renforcée par des barres PRFC-NSM est soumise à un chargement monotone et croissant, trois paliers peuvent être distingués dans la courbe charge-flèche à mi-travée (voir figure III-19).

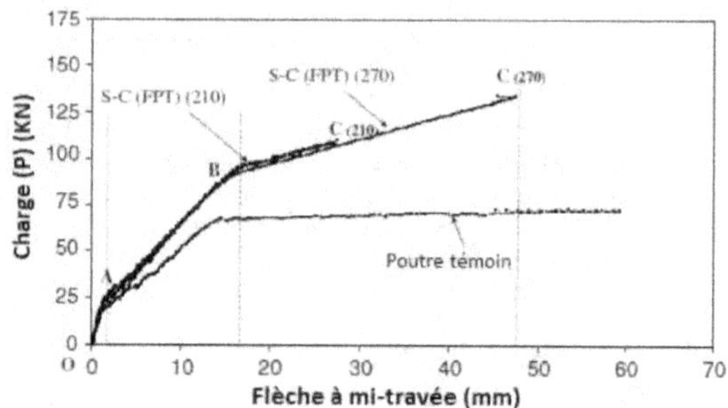

Figure III-19 : la charge (P) en fonction de la flèche à mi-travée pour les poutres S-C (FPT) (210), S-C (FPT) (270) et la poutre témoin.

Le palier élastique (OA) :

Ce palier correspond au comportement avant fissuration du béton. Ce comportement est linaire élastique. Dans ce premier palier, avant la naissance des fissures, le lien est parfait entre les barres PRFC, la résine (matériau de remplissage des engravures) et le béton.

Le palier (AB) : - de la fissuration du béton à plastification des armatures tendues -

Les fissures dans la section du béton commencent à apparaitre au droit de la zone du moment de flexion maximale. Au début de ce second palier, les fissures ne traversent pas la résine, à cause de son faible module d'élasticité. Sous une nouvelle augmentation de la charge, les fissures deviennent plus larges et d'autres fissures s'apparaissent. La fissuration se développe suivant le moment de flexion appliqué, et beaucoup de microfissures, aléatoirement distribuées, sont observées toute au long de la poutre. Ensuite, la fissuration du béton se stabilise. Ce palier se termine au point B, où le moment de flexion appliqué atteint la valeur qui engendre la plastification des armatures tendues.

Le palier (BC) : - de la plastification des armatures tendues à la ruine -

Les armatures d'acier sont plastifiées alors que le comportement des barres PRFC est élastique. Dans ce palier, les barres PRFC contrôlent la largeur des fissures jusqu'à la ruine de la poutre. Le faible module d'élasticité des barres PRFC (par rapport à celui de l'acier) et la plastification des armatures tendues, conduisent à un changement de pente dans la courbe charge-flèche à mi travée. Durant ce palier, on observe le début de fissuration dans le matériau de remplissage (résine). Ce palier prendra fin quand la charge ultime est atteinte, et la poutre se ruine.

a.2. Modes de ruine et résistances ultimes :

La poutre S-C (FPT) (270) :

Après que la plastification des armatures d'acier est atteinte, les barres PRFC résistent aux charges supplémentaires appliquées. Les fissures se propagent dans la résine. Le développement de ces fissures a été suivi par l'initiation des fissures longitudinales dans le béton au niveau de la jonction entre l'engravure et les deux types de fissures de flexion et de cisaillement.

Graduellement, avec l'augmentation des charges appliquées, ces fissures longitudinales commencent à interagir avec les fissures de flexion et de cisaillement. Ce qui produit une zone triangulaire effritée dans le béton d'enrobage. Au même moment, des fissures inclinées de 45° par rapport à l'axe des barres PRFC, sont observées dans la résine.

La poutre S-C (FPT) (270) se ruine par l'arrachement des barres PRFC (FRP pull-out), ce qui conduit à la fragmentation de la zone triangulaire friable dans le béton d'enrobage, tel qu'il est montré dans la figure III-20.

La poutre S-C (FPT) (270) se ruine sous un moment de flexion de 53.3 KN m, ce qui correspond à une augmentation de 84% dans la capacité flexionnelle, relativement à la poutre témoin.

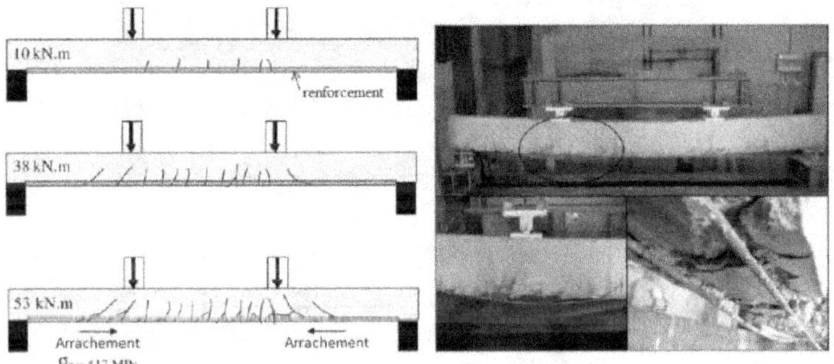

Figure III-20 : Mode de ruine de la poutre S-C (FPT) (270)

La poutre S-C (FPT) (210) :

Plusieurs modes de ruine ont été observés pour le cas de cette poutre. La ruine a été due au décollement du béton d'enrobage provoqué par le développement d'une fissure longitudinale principale comme conséquence au développement des fissures de cisaillement. (Voir figure III-21).

La fissure de cisaillement commence à l'extrémité du renfort PRFC, où une fissure de flexion est survenue. De l'intersection entre la fissure de flexion et celle de cisaillement qui est juste sous les armatures d'acier, une fissure longitudinale est initiée, puis grandie le long de la poutre, exposant les armatures d'acier à un processus de décollement. Le mécanisme de formation de la fissure longitudinale est schématisé dans la figure III-22.

L'augmentation de 52% dans la capacité flexionnelle (la ruine a été sous un moment de 44 KNm), est plus petite par rapport à celle obtenue pour la poutre S-C (FPT) (270), et en outre, la flèche à mi-travée au moment de la ruine été de 35mm, et elle est inférieur à celle de la poutre S-C (FPT) (270) à cause de ce nouveau mode de ruine.

Figure III-21 : Mode de ruine de la poutre S-C (FPT) (210)

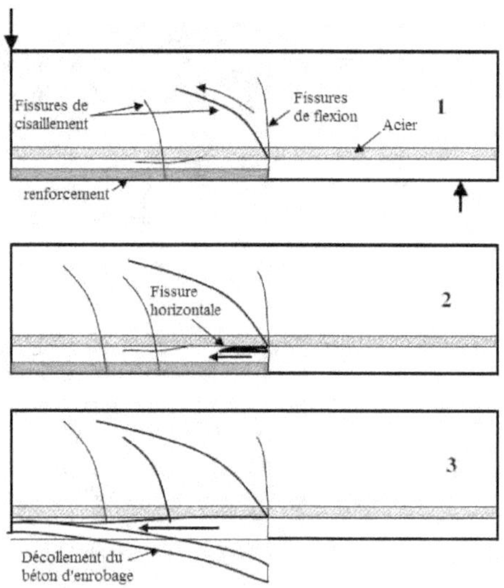

Figure III-22 : Le mécanisme de décollement du béton dans la poutre S-C (FPT) (210)

b. Essais sur les poutres en consoles (groupe CR) :

La figure III-23 montre les courbes de la charge (P) en fonction de la flèche à l'extrémité de la console pour les poutres S-C (CR) (240), S-C (CR) (190), S-C (CR) (150), et la poutre témoin.

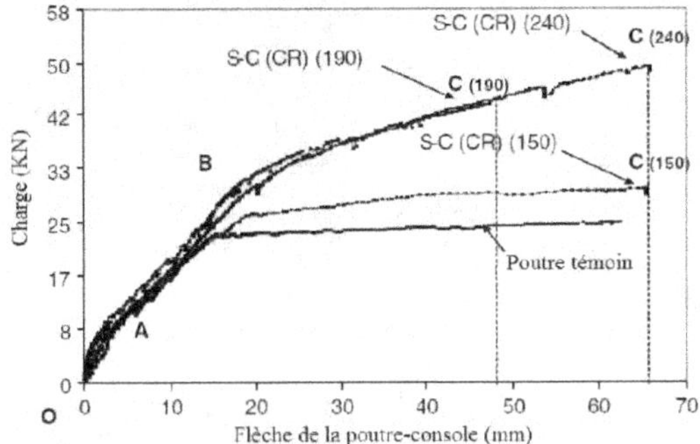

***Figure III-23*:** Courbes charge(P)-flèche pour les poutres S-C (CR) (240), S-C (CR) (190), S-C (CR) (150), et la poutre témoin.

b.1. Modes de ruine et résistances ultimes :

La poutre S-C (CR) (240) :

La fissuration du béton survient à un moment de 8 KN m (voir figure III-24). A 38 KN m, les armatures d'acier se plastifient et les fissures se propagent. Quelques fissures de cisaillement avec des longueurs limitées sont observées au droit de l'appui. A 57 KN m (2.5 KN m avant la ruine), les fissures de cisaillement sont propagées et distribuées régulièrement toute au long de la poutre. A ce stade de chargement, les fissures traversent la résine. Une fissure dans la zone du béton comprimé au-dessus de l'appui, a été observée. La ruine de la poutre S-C (CR) (240) survient sous un moment de chargement qui est égale à 59.5 KN m par l'arrachement des barres PRFC dans partie en console simultanément avec la fragmentation de la zone triangulaire friable dans béton qui entoure l'engravure, avec une augmentation de 98% dans la capacité flexionnelle par rapport à la poutre témoin (voir figure III-24).

La poutre S-C (CR) (190) :

La fissuration du béton a eu lieu pour un moment de 10 KN m (Voir figure III-25). Après que la plastification des armatures d'acier est atteinte, les fissures de cisaillement apparaissent. La ruine de la poutre S-C (CR) (190) a été survenue sous un moment de flexion de 51.7 KN m par la formation des fissures de cisaillement à l'extrémité de la barre PRFC là où une fissure de flexion a été déjà formée. De l'intersection des deux type de fissures, est apparu une fissure longitudinale qui s'étend ver l'appui, en exposant les armatures d'acier à un processus de décollement (peeling-off). Ce moment ultime représente une augmentation de 72% dans la capacité flexionnelle de la poutre S-C (CR) (190) relativement à la poutre témoin.

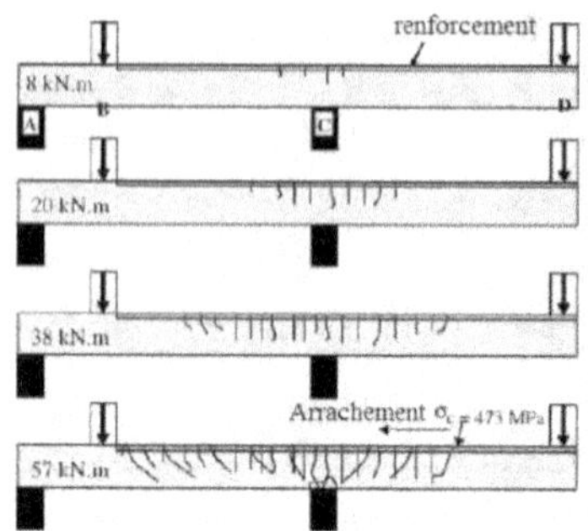
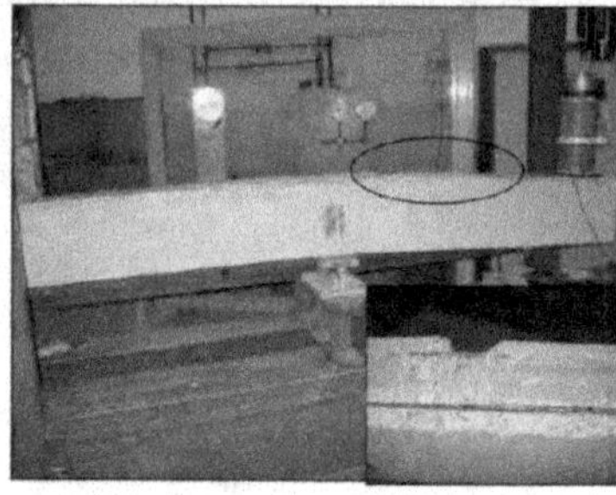

Figure III-24 : Mode de ruine de la poutre S-C (CR) (240).

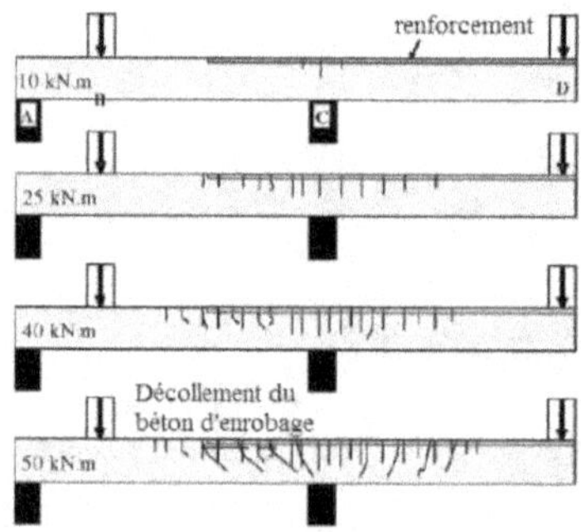

Figure III-25 : Mode de ruine de la poutre S-C (CR) (190).

La poutre S-C (CR) (150) :

Une fois le moment fléchissant atteint la valeur de 25 KN m, une fissure longitudinale apparaisse à l'extrémité du renfort PRFC dans la direction de l'appui. Ce phénomène est identique à celui observé dans la poutre qui a une longueur d'ancrage des barres PRFC plus grande (S-C (CR) (190) et S-C (CR) (240)), sauf qu'il se produit plus tôt, et explique le fait que le comportement en flexion est différent pour cette poutre (voir figure III-26).

A partir de la valeur du moment de 31.5 KN m, les armatures d'acier se plastifient au niveau de l'extrémité des barres PRFC, ce qui conduit à l'élargissement des fissures. A partir de ces fissures, une fissure inclinée de 45° se développe et connecte les prochaines fissures de flexion, ce qui provoque le décollement du béton d'enrobage. La ruine de la poutre S-C (CR) (150) survient sous un moment de flexion de 36 KN m par le décollement du béton d'enrobage au niveau de l'extrémité des barres PRFC, avec une augmentation de 20% dans la capacité flexionnelle par rapport à la poutre témoin (voir figure III-26).

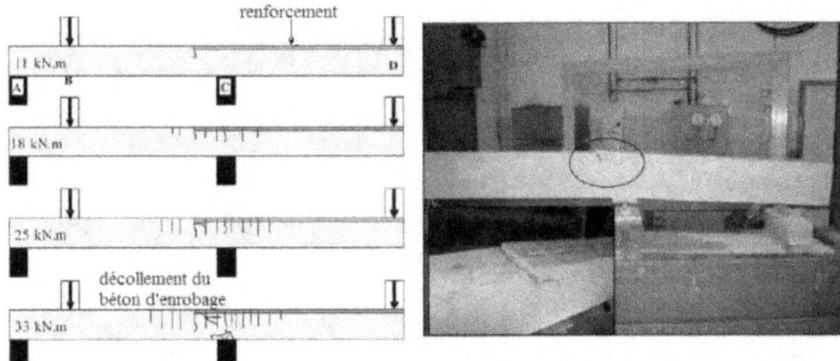

Figure III-26 : Mode de ruine de la poutre S-C (CR) (150),

2.2.4. Conclusions :

A partir de cette étude, on peut tirer les conclusions suivantes :

- La technique de renforcement NSM utilisant des barres PRFC, est très efficace pour l'amélioration de la capacité flexionnelle des poutres BA renforcées.

- Dans la plus part des cas, le renforcement des membres en BA par des barres PRFC, conduit à des différents modes de ruine relativement à ceux des poutres BA non renforcées.

- Les poutres en console renforcees par des barres PRFC exhibent les mêmes modes de ruine que les poutres classique en flexion à quatre points. Il n'y a pas d'effet présumé de pression extérieur du renfort.

- Dans le cas où la ruine du membre renforcé est due à la ruine du système NSM, deux différents types de ruine sont possibles :

    o Si la barre du PRFC est plus longue que la longueur de la partie fissurée de la poutre à l'état ultime, la ruine sera due à l'arrachement du renfort PRFC, avec l'écrasement de la résine et du béton qui entoure l'engravure (pull-out of the reinforcement),
    o Si la charge provoque l'apparition de quelques fissures qui atteignent l'extrémité du renfort PRFC, la ruine sera due au décollement du béton d'enrobage couvrant l'engravure à partir de l'extrémité du renfort (peeling-off of the concrete cover).

2.3. ESSAI N°5 : FLEXURAL STRENGTHENING OF RC BEAMS WITH PRESTRESSED NSM CFRP RODS – EXPERIMENTAL AND ANALYTICAL INVESTIGATION (Le renforcement en flexion des poutres en béton armé à l'aide des barres PRFC-NSM précontraintes – étude expérimentale et analytique) :

2.3.1. Introduction :

L'objectif de cette étude est l'approfondissement des connaissances sur les effets de la précontrainte des renforts PRF, utilisés pour le renforcement en flexion des poutres en béton armé selon la technique NSM.

Dans le présent travail, l'efficacité du renforcement des poutres BA par des barres PRFC NSM précontraintes a été examinée. Quatre poutres BA ont été testées sous un chargement monotone. Une poutre a été laissée sans renforcement pour qu'elle soit une poutre témoin. Une autre poutre a été renforcée par des barres PRFC NSM non-précontraintes. Deux poutres ont été renforcées par des barres PRFC NSM précontraintes à 40% et 60% de leur résistance ultime. Les résultats d'essais montrent que le renforcement par barres PRFC NSM, améliore considérablement la réponse en flexion des poutres renforcées, relativement à la poutre témoin. Une amélioration remarquable a été obtenue dans la réponse en flexion des poutres quand elles sont renforcées avec des barres PRFC NSM précontraintes (40% et 60%). Des augmentations de plus de 90% dans la charge de plastification, et de 79% dans la charge ultime, ont été obtenues, relativement à la poutre témoin.

2.3.2. Le programme expérimental :
a. Configurations des spécimens :

La figure III-27 montre un schéma de la géométrie des spécimens, ainsi les détails du renforcement. Les poutres sont sous-dimensionnées pour que la ruine en flexion ait lieu en premier, en référence à la norme Canadienne. La section transversale des poutres est de 152 mm x 254 mm, avec une longueur totale de la poutre de 3500 mm. Le lit d'armatures tendues est constitué de deux barres d'acier 15M (15 mm de diamètre), et celui des armatures comprimées est constitué de deux barres d'acier 10M (11.2 mm de diamètre). Un enrobage en béton de 30 mm est assuré. Les armatures transversales de cisaillement sont faites de cadres lisses de 8mm de diamètres et espacés par 75 mm.

b. Propriétés des matériaux :

Le coulage des quatre poutres a été fait par un seul type de béton fourni par une centrale de BPE locale. La résistance moyenne en compression du béton à 28 jours est de 45 ± 2.9 MPa, selon les résultats d'écrasement de trois éprouvettes cylindriques de 100x200mm. La limite d'élasticité des armatures d'acier est de 440 ± 4 MPa et leur module d'élasticité fait 190

± 1.9 GPa, selon les essais sur trois coupons d'acier suivant le ASTM standard E8M-04. Le PRFC est de type Aslan™ #3 (9.3 mm de diamètre) avec les propriétés du fabricant suivantes :

- Une résistance ultime à la traction de 1970 MPa,
- Une déformation ultime à la rupture de 1.45%,
- Un module d'élasticité de 136 GPa.

Le matériau de remplissage des engravures est à base de résine époxy type Sikadur 30, avec une résistance en cisaillement de 15MPa, un module d'élasticité de 12.8 GPa, et un allongement à la rupture de 1%.

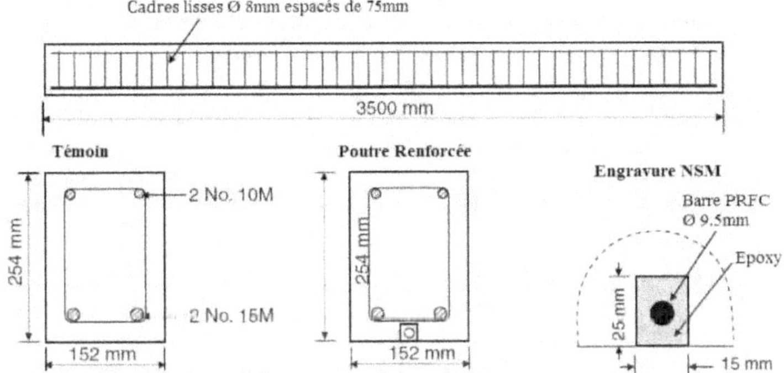

Figure III-27 : Configuration des spécimens.

c. Procédure de renforcement :

La barre du renfort PRFC est liée par la résine époxy à l'intérieur de l'engravure pré-coupée dans le béton d'enrobage en face tendue de la poutre. Les engravures ont une largeur de 15 mm et une profondeur de 25 mm, ces dimensions ont été choisies à la base des recommandations données par la 5ème conférence internationale sur les matériaux composites avancées dans les ponts et les structures, Winnipeg, Manitoba, septembre 2008. Pour les poutres aux renforts non-précontraints, l'engravure est remplie à moitié d'époxy, puis la barre PRFC est placée à l'intérieur de l'engravure, ensuite, le remplissage de l'engravure est complété par la résine époxy.

Pour les poutres renforcées par des barres PRFC précontraintes, le renfort est placé à l'intérieur de l'engravure sans résine époxy, et précontraint suivant l'installation schématisée dans la figure III-28. La force de précontrainte dans la barre PRFC a été maintenue en utilisant un ancrage mécanique à base de cales placées à chaque extrémité de la poutre. Puis, la résine époxy est appliquée pour remplir complètement l'engravure. Les cales d'ancrage mécanique, ont été laissées en place pendant, au minimum, 6 jours avant qu'elles soient enlevées. Durant l'opération de renforcement, les jauges de déformation sur les barres PRFC, et les cellules de chargement dans les extrémités de la poutre, sont contrôlées par un système d'acquisition des données (SAD).

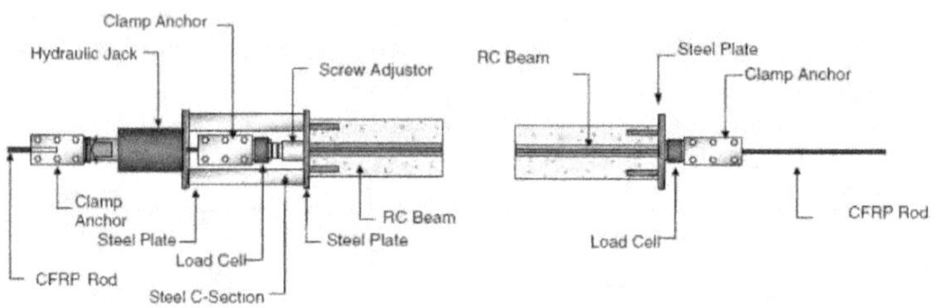

a) Extrémité de mise en tension   **b) Extrémité bloquée**

Figure III-28 : Installation du dispositif de mise en tension des barres PRFC.

Il est très important de noter que le dispositif de précontrainte est approprié pour le travail au labo. Sur chantier, et du aux restrictions d'accessibilité aux extrémités de la poutre, le concept de précontrainte utilisé pour cette étude peut être utilisé avec quelques modifications. Un système d'ancrage mécanique doit être conçu et accroché aux extrémités de la poutre. Puis, l'opération de précontrainte du renfort PRFC est menée par réaction contre l'extrémité bloquée.

d. Système de chargement :

Toutes les poutres ont été soumises à un chargement monotone en flexion à quatre points jusqu'à la ruine, avec une vitesse de chargement de 1.5 mm/min. Les points de chargement et les points d'appuis ont été choisis pour donner une portée totale de 3300 mm et une longueur de cisaillement de 1100 mm. Les poutres ont été instrumentées avec plusieurs jauges de déformation placées au niveau de la section transversale à mi- travée sur la fibre de béton la plus comprimée, sur les armatures d'acier tendues et comprimées, et sur les barres PRFC. Pour mesurer la flèche verticale de la poutre, trois LVDT ont été placés à mi- travée, sous les points de chargement, et à la mi- longueur de cisaillement. La figure III-29 montre la configuration de l'essai.

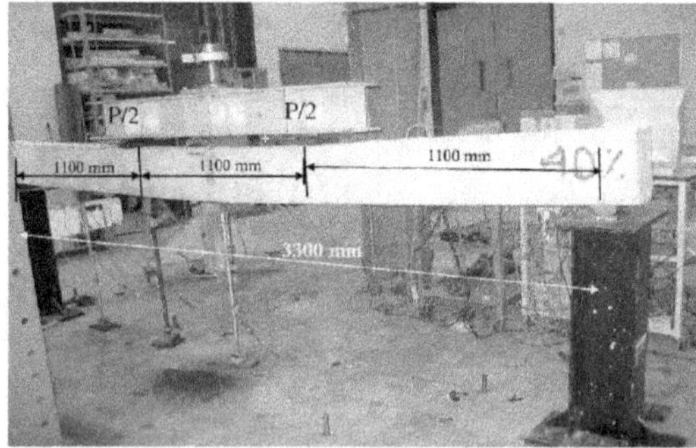

Figure III-29 : Configuration de l'essai.

2.3.3. Les résultats d'essai :
a. Contraintes de précontrainte :

Le contrôle de la force de précontrainte dans la barre PRFC est assuré par des jauges de déformation montées sur la barre, et par des cellules de chargement placées à chaque extrémité de la poutre. Pour pallier les pertes en tension dans la barres PRFC, à cause du tassement d'encrage ou/et le fluage de la résine époxy, on augmente la force de précontrainte visée par 2% à 5% de sa vrai valeur. La force de précontrainte variait de 53 à 55 KN pour 40% de précontrainte, et variait de 80 à 83 KN pour 60% de précontrainte. La contrainte effective de précontrainte dans la barre PRFC à mi- travée est de 788 MPa (40% de précontrainte) et 1182 MPa (60% de précontrainte). Une toute petite perte en tension a été enregistrée par les jauges de déformation montées sur la barre PRFC à cause des cales d'ancrage aux extrémités de la barre PRFC qui ont été laissées sur place pendant le durcissement de la résine époxy. Lorsque les cales d'ancrages sont enlevées, la force de précontrainte aux extrémités de la poutre chute à zéro et augmente graduellement, dans une distance de 200mm à l'intérieur de la poutre à partir de son extrémité, elle augmente pour atteindre le niveau de précontrainte effective, à mi- travée, qui était presque identique à la contrainte initiale du vérin.

b. Le profil de déformation :

La figure III-30 montre le profil de déformation en fonction de la profondeur de la section transversale de la poutre. Ce profil est établi à base des enregistrements des jauges placées sur la barre PRFC, le béton, et les armatures d'acier. Pour la poutre renforcée par une barre PRFC non- précontrainte, les résultats montrent que le profil de déformation est linéaire (figure III-28 (a)). La compatibilité des déformations confirme que la barre PRFC était entièrement liée, et qu'il y a une exploitation complète des capacités du PRFC, sans aucun glissement entre le renfort PRFC et le support en béton.

Dans le cas de la poutre renforcée par des barres PRFC précontraintes, il y a un certain glissement entre la barre PRFC et la résine époxy. C'est possible qu'il est dû à la déformation en cisaillement de la résine, résultat de l'incompatibilité des déformations entre la barre PRFC et le béton (voir figure III-30 (b)).

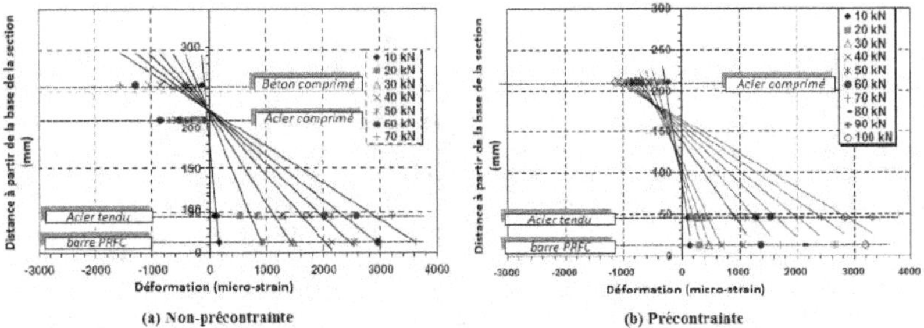

(a) Non-précontrainte   (b) Précontrainte

Figure III-30 : Les profils typiques de déformation pondant le chargement.

c. Courbe charge-déplacement :

Les courbes charge-déplacement de toutes les poutres, sont illustrées dans la figure III-31. Les poutres exhibent une réponse tri-linéaire caractérisée par des paliers d'avant fissuration du béton, d'avant plastification des armatures d'acier et d'après plastification.

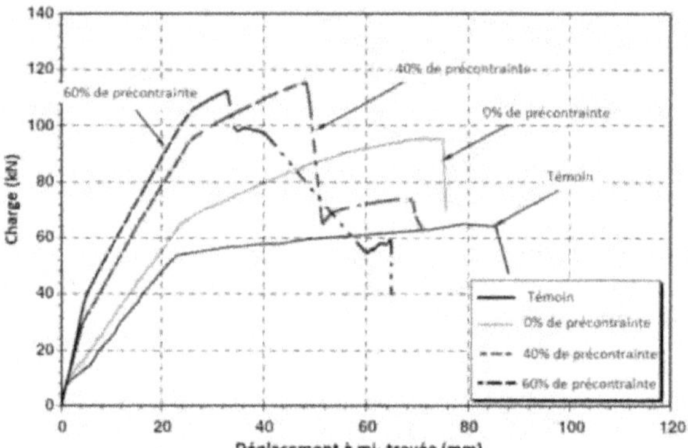

Figure III-31 : Courbes charge-flèche des poutres testées.

- **Le palier de fissuration :**

La charge de fissuration est saisie au début du premier changement de rigidité. La charge de fissuration de la poutre témoin était de 10.20 KN à une flèche de 1.86mm. La poutre renforcée par des barres PRFC non- précontraintes a enregistrée une légère augmentation dans la charge de fissuration, et une petite diminution dans la flèche. Une augmentation remarquable dans la charge de fissuration, un peu prés de 3 à 4 fois, a été enregistrée lorsque les poutres sont renforcées par des barres PRFC précontraintes de 40% et 60%.

- **Le palier de plastification :**

La charge de plastification est la charge pour laquelle les armatures d'acier atteignent la limite d'élasticité. La poutre témoin a une charge de plastification égale à 55.10 KN avec une flèche à mi- travée de 23.5 mm. La poutre renforcée par des barres PRFC non- précontraintes a enregistrée une augmentation de 26% dans la charge de plastification par rapport à la poutre témoin. Les charges de plastification des poutres renforcées par des barres PRFC précontraintes à 40% et 60%, sont plus grandes de 72.4% et 90.6% que celle de la poutre témoin.

- **Le palier ultime :**

La charge ultime est celle qui provoque la ruine de la poutre, cette ruine survient par la plastification des armatures d'acier tendues suivie, soit par l'écrasement du béton, pour la poutre témoin et la poutre renforcée par des barres PRFC non- précontraintes, soit par la rupture du renfort PRFC dans le cas des poutres renforcées par des barres PRFC précontraintes. La charge ultime de la poutre témoin était de 64.30 KN avec une flèche ultime à mi-travée de 85.3 mm. La charge ultime de la poutre renforcée par des barres PRFC non-précontraintes était de 96.50 KN, soit une augmentation de 50% par rapport à la poutre témoin, et à une flèche ultime à mi-travée de 65.5mm. La charge ultime de la poutre renforcée par des barres PRFC précontraintes à 40% était de 115.25 KN soit une augmentation de 79.2% par rapport à la poutre témoin, et une augmentation de 20% par rapport à la poutre renforcée par des barres PRFC non- précontraintes. Pour la poutre renforcée par des barres PRFC précontraintes à 60%, la charge ultime était de 112.01 KN, ce qui représente une diminution de 2.6% par rapport à la poutre renforcée par des barres PRFC précontraintes à 40%.

Il est important de noter que dans le chantier, la plus part des opérations de renforcement seront effectuées sur des membres déjà fissurés et l'amélioration dans la réponse de la poutre sera différente relativement aux spécimens renforcés et non-fissurés du laboratoire.

d. Modes de ruine :

Deux modes de ruine ont été observés. Le premier mode était par l'écrasement du béton au niveau des fibres supérieures de la section transversale après la plastification des armatures tendues. Ce mode a été observé dans la poutre témoin et dans la poutre renforcée par des barres PRFC non- précontraintes. Lorsque des barres précontraintes de PRFC sont utilisées pour le renforcement d'une poutre, le mode de ruine se produit par la rupture du renfort PRFC après la plastification des armatures tendues. La figure III-32 montre les deux modes de ruine. Au début de la ruine, des fissures de cisaillement (fissures en V dans la résine qui remplit l'engravure) se développent dans la sous-face de la poutre toute au long de l'engravure NSM au niveau de la région mi- travée et se propagent ensuite vers les extrémités de la poutre (Voire figure III-33).

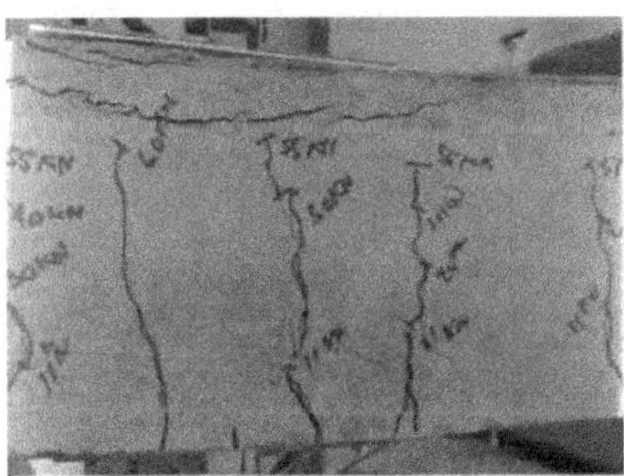

a) Ecrasement du béton   b) Rupture des barres PRFC

Figure III-32 : Modes de ruine.

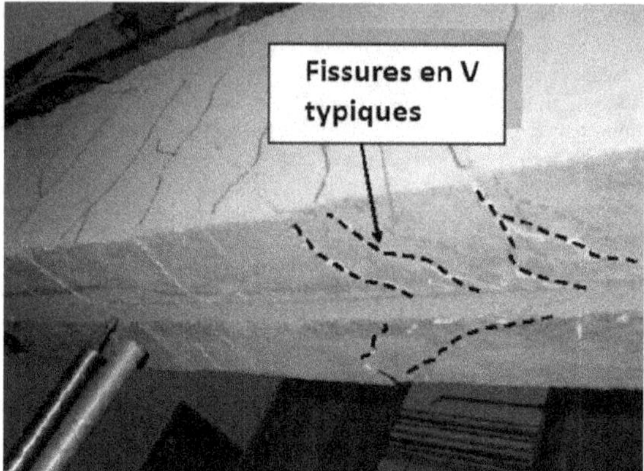

Figure III-33 : fissures de cisaillement le long des barres PRFC.

e. La ductilité :

La ductilité des poutres, définie comme le rapport de la déformation ultime à la déformation plastique, diminue avec l'augmentation du taux de précontrainte. En comparaison avec la poutre témoin, la ductilité a été réduite de 30.6%, 47.2%, et 63.9% pour la poutre renforcée par des barres PRFC à 0% de précontrainte, et les poutres renforcées par des barres PRFC précontraintes à 40% et 60%, respectivement. Cette réduction dans la ductilité est possiblement due à l'augmentation du taux de renforcement en traction (Acier et PRFC), et à la précontrainte qui conduit à une faible dissipation d'énergie.

f. La déformation du béton comprimé :

La figure III-34 (a), représente les courbes de la charge en fonction de la déformation du béton comprimé de la poutre témoin, et des poutres renforcées par des barres PRFC précontraintes à 0%, 40% et 60%. La compensation de la déformation n'était pas mesurée à cause de la présence des microfissures à l'endroit des jauges de déformation. La déformation initiale est due à la précontrainte, elle est calculée au niveau de la fibre supérieure à l'aide des principes du béton précontraint, et elle est combinée avec la déformation due au chargement extérieur pour les poutres renforcées par des barres PRFC précontraintes à 40% et 60% (voir la figure III-34 (a)). En général, les déformations de compression dans la poutre témoin et celle renforcée par des barres PRFC non- précontraintes, (ruinées par écrasement du béton comprimé), sont plus grandes par rapport aux poutres renforcées par des barres PRFC précontraintes (ruinées par la rupture du renfort PRFC). La déformation initiale de traction dans les poutres renforcée par du PRFC précontraint, diminue la déformation de compression à la ruine. Ainsi, ces poutres exhibent moins de déformation en compression au niveau de la fibre supérieure de la section par rapport à la poutre témoin pour la même charge.

La présence des barres PRFC précontraintes provoque la réduction de la partie fissurée dans le béton de la section transversale de la poutre, ce qui conduit à une distribution des forces de compression sur une large zone de béton non fissuré.

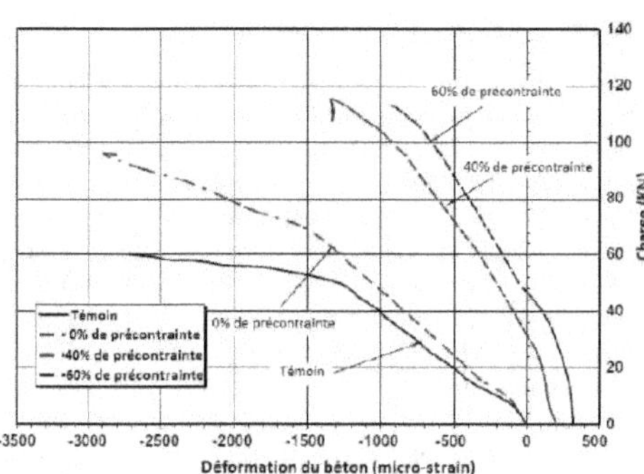

a) Charge-déformation dans le béton

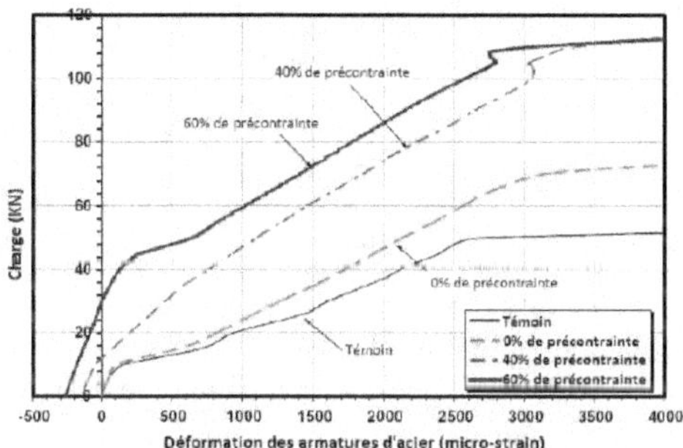

b) Charge-déformation des armatures d'acier

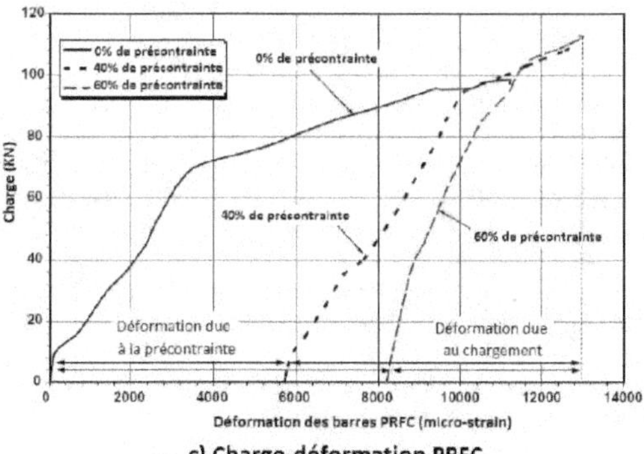

c) Charge-déformation PRFC

Figures III-34 : Courbes Charge-Déformation (Béton comprimé, Acier tendu et renfort PRFC).

g. La déformation des armatures d'acier tendues :

La figure III-34 (b) illustre la relation charge-déformation des armatures tendues. La déformation des armatures tendues dans la poutre témoin et dans la poutre renforcée par des barres PRFC non- précontraintes, est nulle avant l'application de la charge. D'autre part, dans les poutres renforcées par des barres PRFC précontraintes, les armatures d'acier tendues ont une déformation initiale de compression avant l'application du chargement extérieur. Cette déformation de compression initiale est induite par la précontrainte des barres PRFC. Après l'application de la charge extérieure aux poutres renforcées par des barres PRFC précontraintes, la déformation dans les armatures d'acier tendues passe de la compression à la traction. Dans les poutres renforcées par des barres PRFC, la tension est partagée entre le renfort PRFC et les armatures d'acier tendues ce qui donne à ces poutres une capacité portante largement supérieure par rapport à la poutre témoin. Dans les poutres renforcées par des barres PRFC précontraintes, la déformation initiale de compression dans les armatures d'acier inférieur, augmente la charge de leur plastification, et par conséquent, ça augmente la charge ultime de la poutre.

h. La déformation du renfort PRFC :

La figure III-34 (c) montre la relation charge-déformation du renfort PRFC. La déformation initiale de traction dans les barres PRFC correspond au zéro chargement, vaut $5420\mu\xi$ et $8200\mu\xi$ pour 40% et 60% de précontrainte, respectivement. En appliquant la charge extérieure, les barres PRFC subissent une déformation de traction additionnelle. Il est intéressant de noter qu'après la fissuration du béton, la pente de la courbe charge-déformation est similaire pour le cas des poutres précontraintes et non-précontraintes. La ruine de la poutre renforcée par des barres PRFC non-précontrainte s'est produite par l'écrasement du béton à une déformation ultime de traction dans le renfort PRFC de $11,000\mu\xi$. D'autre part, la déformation de traction ultime mesurée dans le renfort PRFC précontraint à 40% et 60%, était de $13,600\mu\xi$. La déformation ultime caractéristique du renfort PRFC (comme rapportée par le fabricant), vaut $14,500\mu\xi$.

2.3.4. Conclusions :

- Les résultats de cette étude illustrent que le renfort PRFC-NSM précontraint fournie une technique de renforcement qui traite les préoccupations de service des éléments structurels y compris la fissuration et la flèche excessive.
- La technique NSM est très efficace dans l'augmentation de la capacité flexionnelle des poutres BA. Avec des renforts NSM non- précontraints, une légère réduction de ductilité des membres renforcés, est obtenue en comparaison avec la poutre témoin.
- Le renforcement à l'aide du PRFC-NSM précontraint améliore les performances en service des poutres BA par la réduction de la flèche pendant les différents paliers de chargement.
- La précontrainte à 40% du renfort PRFC-NSM, presque double la résistance aux charges de flexion, mais ça réduit à moitié la ductilité, en comparaison à une poutre non renforcée.
- La ductilité des poutres renforcées par des renforts PRFC-NSM précontraints, diminue avec l'augmentation du taux de précontrainte.

- La technique de renforcement présentée dans cette étude est un pas en avent dans l'utilisation des renforts PRFC-NSM précontraints dans la pratique. *Plus de travaux de recherche sont demandés pour développer un système d'auto réaction capable de pré-contraindre le renfort PRFC in-situ.*

Le tableau III-9 suivant, résume les principales conclusions du reste des 11 essais retenus pour la synthèse bibliographique :

N° Essai	Principales conclusions
02	- l'utilisation des barres en PRFC trapézoïdales est faisable, facile à appliquer et efficace pour le renforcement en flexion des poutres en BA, - les barres en PRFC trapézoïdales augmentent à la fois la ductilité et la charge ultime, - une efficacité supérieure a été atteinte dans le renforcement en combinant les barres de PRFC trapézoïdales avec des ancrages à base de tôle métallique en "U".
03	- en général, après la première fissure les poutres renforcée par des barres en PRFV de faible rigidité, se déforment de manière rapide et non-linéaire, - les poutres renforcées par des barres en PRFV montrent une augmentation significative dans le moment ultime allant de 23% à 53%, - une fois la première fissure apparaît, l'influence de la résine époxy prendra place et domine la réponse moment-flèche jusqu'à la valeur ultime du moment.
04	- la technique NSM a été appliquée pour doubler la capacité portante en flexion des poutres en BA. Pratiquement, ce but est atteint depuis qu'un gain en charge ultime de 91% est réalisé, - les valeurs maximales de déformation varient entre 62% et 91% de la déformation ultime du renfort PRFC, dévoilent la possibilité de la technique NSM à mobiliser un niveau de contrainte proche de la résistance à la traction du matériau composite.
06	- le renforcement NSM améliore les performances des poutres en termes de ductilité et de charge de ruine par rapport au renforcement EBR avec le même taux de renforts, - le mode de ruine dominant dans les poutres BA renforcées par NSM est l'écrasement du béton dans la zone comprimée de la section accompagnée par le détachement du béton d'enrobage aux extrémités du renfort.
07	- de point de vue conception, le système du renfort PRF partiellement lié accroit la déformabilité de la poutre pour une charge donnée avec une limitation du niveau de contrainte dans le PRF depuis que la rigidité de la poutre diminue avec l'augmentation de la longueur non liée du renfort.
08	- en termes d'essais post-fatigue monotone, les poutres renforcées par la technique NSM, fournies une plus grande augmentation dans la charge ultime (101%), ainsi elles enregistrent une plus grande déformabilité par rapport aux autres techniques de renforcement.
09	- pour le renforcement en flexion des poutres, la technique NSM était la plus efficace, mais la différence d'efficacité entre les techniques NSM et EBR diminue avec l'augmentation du taux équivalent de renforcement longitudinal (ρ_{eq}). - les essais effectués et les données collectées à partir d'autres programmes expérimentales ont été utilisés pour montrer que la déformation effective du PRFC tend à diminuer avec l'augmentation du taux équivalent de renforcement longitudinal (ρ_{eq}), et avec la réduction de l'espacement entre les renforts.
10	- l'utilisation du blocage mécanique par des engravures transversales remplies d'époxy fut un moyen d'ancrage efficace pour pallier au risque de ruine par décollement du renfort et pour accroitre les performances de renforcement.

Tableau III-9 : Principales conclusions des essais retenus pour la synthèse bibliographique.

CHAPITRE IV

PRESENTATION DE LA BASE DE DONNEES DE RECHERCHE ET DU LOGICIEL GEBD-NSM

1. INTRODUCTION :

Les efforts de recherches ont permis, au fil des ans, d'accumuler une quantité considérable de données expérimentales et d'observations concernant le comportement en flexion des poutres renforcées par matériaux composites selon la technique NSM. Pour systématiser la gestion de ces données, on a développé une base de données, regroupant la majorité des résultats de recherches obtenus à l'issu de la recherche bibliographique.

Outre la gestion systémique des données expérimentales, cette base de données permettra, à travers l'exploitation rationnelle qui en sera faite de ces données, l'établissement des prescriptions réglementaires en vigueur et leur bien-fondé scientifique.

2. NATURE DES DONNEES :

Les données expérimentales contenues dans la base de données peuvent être classées selon les catégories suivantes :

2.1. Données d'article :

Cette catégorie fournit les références complètes de l'article de recherche : le thème, l'année et le lieu de parution, le nom et le prénom de(s) auteur(s), l'institut, le département, l'université, l'adresse, le téléphone, le fax, ainsi que l'e-mail de chaque auteur.

2.2. Données géométriques des spécimens :

Ceci englobe les propriétés géométriques des poutres spécimens, telle que la longueur totale de la poutre, sa portée (distance entre points d'appuis), le type de la poutre soit à simple travée, continue ou en porte-à-faux, le type de chargement que supporte la poutre : soit un chargement à trois points ou à quatre points.

Cette catégorie inclue aussi les données géométriques de la section transversale du spécimen, telle que le type de la section : rectangulaire, en "T", ou trapézoïdale, la hauteur et largeur de la section, la hauteur utile. Dans le cas d'une section en "T", il est précisé la largeur de l'âme, largeur et épaisseur de la table de compression.

2.3. Données du béton armé constituant les spécimens :

Ceci inclut les propriétés du béton pris en compte concernant sa résistance en compression, sa résistance à la traction, le module de déformation instantané (module d'élasticité). On trouve aussi le type des éprouvettes adoptées pour la caractérisation du béton.

Cette catégorie comprend aussi les propriétés de l'acier d'armatures longitudinales telles que la limite élastique, le module d'élasticité, la résistance ultime à la traction, l'aire d'acier des lits d'armatures supérieur et inférieur.

2.4. Les données de fatigue :

Ce type de données concerne les spécimens adoptés pour des essais simulant le comportement des poutres en service renforcées par des PRF-NSM. On trouve dans cette catégorie des données telles que : les niveaux supérieurs et inférieurs du chargement cyclique ainsi que le nombre des cycles de chargement appliqué au spécimen avant le renforcement.

2.5. Les données du renfort PRF :

On trouvera dans cette catégorie les données géométriques et mécanique du renfort en polymère renforcé de fibres (PRF) telles que :

- Le type des fibres (carbone, verre ou aramide),
- L'orientation des fibres (unie ou multidirectionnelle),
- Le taux des fibres au sein du PRF,
- Type de la résine constitutive du PRF,
- La forme du PRF soit : jonc, barre ou lamelle,
- Diamètres du PRF sous forme de barres ou jonc,
- Largeur et épaisseur du PRF en forme de lamelle rectangulaire,
- La grande et la petite largeur, ainsi l'épaisseur du PRF en forme trapézoïdale,
- L'état de surface du PRF : lisse, avec verrous ou revêtu d'un masque de sable,
- La résistance à la traction,
- Le Module d'élasticité,
- Le coefficient de Poisson,
- La déformation ultime à la rupture,
- Le taux de la précontrainte dans le cas des renforts PRF précontraint.

2.6. Données du matériau de remplissage des engravures:

Il s'agit des propriétés mécaniques de l'adhésif qui encolle le PRF au béton du spécimen, des propriétés telles que le type de l'adhésif (nature), sa résistance en compression et en traction, sa résistance en cisaillement, sa résistance de collage PRF/béton, le module d'élasticité, ainsi que sa déformation à la rupture.

2.7. Données des résultats d'essais :

Dans cette catégorie de données on trouve les différentes modes de rupture observées, le gain en charge apporté par le renfort, le moment de flexion ultime, le gain en capacité flexionnel, la flèche plastique et ultime du spécimen, la ductilité de la poutre, et la déformation ultime effective du PRF.

3. L'ENVIRONNEMENT DE PROGRAMMATION :

L'outil fonctionne sous le système d'exploitation *Microsoft Windows*, pour son développement, nous avons choisi *Microsoft Access* pour la sauvegarde des données. Celui-ci offre la possibilité d'exporter facilement les données vers le langage de programmation et de les sécuriser avec un mot de passe.

Quant au langage de programmation, nous avons opté pour le Borland Delphi, ce dernier permet de construire des écrans conviviaux rapidement avec la possibilité de valider la saisie des données. Par ailleurs, il a une bibliothèque très riche de fonctions pour la lecture et la sauvegarde des données dans les tables Access ainsi que la manipulation des fichiers Excel, y compris le dessin des graphes.

4. DESCRIPTION DE LA BASE DE DONNEES ACCESS :

Après avoir créé les tables dans la base de données NSMR-BD.mdb, nous avons extrait les données de chaque spécimen à partir des articles de recherche, puis ces données sont injectées dans les enregistrements de chaque table correspondante.

La base de données Access NSMR-BD.mdb contient neuf tables, les détails du nom, du type et la description des champs sont récapitulés dans les tableaux suivants :

Nom de la Table :	**Spécimens**	
Description de la Table :	Utilisée pour la sauvegarde des résultats et des données des spécimens testés.	

Nom du champ	Type de données	Description du champ
Code-specimen	Texte	Code d'identification du spécimen testé
Date-essai	Texte	Date de publication ou de réalisation du test
Article	Texte	Code ID (identification) de l'article de recherche
Longueur totale	Numérique	Longueur totale de la poutre
Portée	Numérique	Distance entre les points d'appuis
Type poutre	Texte	Code ID du type de la poutre (continue, simple ou avec porte à faux)
Type chargement	Texte	Code (ID) du type de chargement (à 3 ou à 4 points)
Type-section	Texte	Code (ID) du type de la section transversale de la poutre (rectangulaire, en "T" ou autre)
Hauteur-Section	Numérique	La hauteur totale de la section transversale
Largeur-Section	Numérique	La largeur de la section transversale rectangulaire
Largeur-âme	Numérique	La largeur de l'âme pour les sections en T
Largeur-table	Numérique	La largeur de la table de compression pour le cas des sections en "T"
Epaisseur-table	Numérique	L'épaisseur de la table de compression pour le cas des sections en "T"
Hauteur utile section	Numérique	La profondeur des armatures tendues par rapport à la fibre la plus comprimée (c'est-à-dire la hauteur totale de la section diminuée par l'enrobage des armatures tendues).
Profondeur-renfort	Numérique	La profondeur du renfort PRF par rapport à la fibre la plus comprimée (c'est-à-dire la hauteur totale de la section diminuée par la profondeur d'insertion du renfort PRF dans l'engravure).
Résistance-compression-béton	Numérique	La résistance en compression du béton du spécimen, exprimée en MPa

Module-élast-béton	Numérique	Le module d'élasticité de Young instantané du béton, exprimé en MPa
Type-Eprouvette Béton	Texte	Code ID du type d'éprouvette béton utilisée pour l'essai de caractérisation du matériau
Limite-élast-Acier-long	Numérique	La contrainte limite du domaine élastique du matériau acier pour armatures longitudinales (MPa)
Module-élast-Acier-long	Numérique	Le module d'élasticité de young du matériau acier pour armatures longitudinales (MPa)
Résistance Ultime Aciers long	Numérique	La contrainte de résistance ultime de l'acier pour armatures longitudinales (Mpa)
Aire-Acier-long-Sup	Numérique	L'aire de la section d'acier d'armatures longitudinales constituants le lit supérieur du ferraillage (exprimé en cm²)
Aire-Acier-long-Inf	Numérique	L'aire de la section d'acier d'armatures longitudinales constituants le lit inférieur du ferraillage (exprimé en cm²)
Endommagement par fatigue	Case Oui/non	Là où on précise si la poutre spécimen est endommagée par un chargement cyclique préalable ou non.
Niveau de chargement cyclique inf	Numérique	Le niveau inférieur de chargement cyclique exprimé en % par rapport à la charge de ruine par flexion
Niveau de chargement cyclique sup	Numérique	Le niveau supérieur de chargement cyclique, exprimé en % par rapport à la charge de ruine par flexion
Fréquence de chargement cyclique	Numérique	La fréquence du chargement cyclique préalable, exprimée en Hz
Nb Cycles	Numérique	Le nombre de cycles du chargement cyclique pour atteindre le niveau de fatigue désiré
PRF	Texte	Code ID du type de PRF utilisé pour le renforcement du spécimen
Nombre-engravures	Numérique	Le nombre d'engravures opérées au sein du même spécimen
Largeur-engravure	Numérique	La largeur de l'engravure, exprimée en mm
Profondeur-engravure	Numérique	La profondeur de l'engravure (mm)
Entre axes-engravures	Numérique	La distance normale entre les axes des engravures (mm)
Longueur-renfort	Numérique	La longueur du renfort PRF inséré (cm)
PRF partiellement liée	Case Oui/non	Là où on précise si le renfort PRF est partiellement lié au béton du spécimen, ou non.
Longueur de la partie non liée du PRF	Numérique	La longueur de la partie non adhérente du renfort PRF avec le substratum béton du spécimen

Type d'ancrage	Texte	Le type d'ancrage des extrémités du renfort PRF
Matériau de remplissage (MR)	Texte	La nature ou le type du matériau de remplissage (adhésif) qui assure la liaison renfort PRF / béton
Résistance-compression-MR	Numérique	La résistance caractéristique en compression du matériau de remplissage exprimée en MPa
Résistance-traction-MR	Numérique	La résistance caractéristique en traction du matériau de remplissage (MPa)
Module-élastique-MR	Numérique	Le module d'élasticité de young du matériau de remplissage (MPa)
Déformation-rupture-MR	Numérique	La déformation ultime caractéristique à la rupture du PRF exprimée en %
Résistance au Cisaillement MR	Numérique	La résistance caractéristique au cisaillement du matériau de remplissage (MPa)
Résistance de collage Béton/PRF du MR	Numérique	La résistance de collage entre le béton et le MR, ainsi entre PRF et MR (MPa)
Mode-rupture	Texte	Le mode de rupture observé
Gain-Charge	Numérique	Le gain en capacité portante de la poutre à l'issu de l'ajout du renfort PRF, exprimé en (%) de la charge ultime de la poutre non renforcée.
Moment ultime	Numérique	Le moment ultime de résistance en flexion simple juste avant la ruine (KNm)
Gain-capacite-flexionnel	Numérique	Le gain en capacité flexionnelle de la poutre à l'issu de l'ajout du renfort PRF, exprimé en (%) du moment ultime de la poutre non renforcée.
Flèche plastique	Numérique	La déformation verticale enregistrée à mi-travée de la poutre au moment de la plastification des armatures d'acier longitudinales, exprimée en mm
Flèche ultime	Numérique	La déformation verticale enregistrée à mi-travée de la poutre au moment de la ruine (mm)
Ductilité	Numérique	Le taux de ductilité de la poutre exprimée par le rapport entre la flèche ultime et la flèche plastique. (adimensionnelle)
Déf Ult effective PRF	Numérique	La déformation réelle effective du renfort PRF enregistré par des jauges placées sur la surface du PRF au sein du spécimen (%)

Tableau IV-1 : Description des champs de la table Spécimen.

Nom de la Table :	**Article**	
Description de la Table :	Utilisée pour la sauvegarde des données de l'article de recherche	

Nom du champ	Type de données	Description du champ
Code-Article	Texte	Code d'identification (ID) de l'article
Thème	Texte	Le titre thème de l'article de recherche
Date de réception	Texte	La date de réception de l'article par la revue
Date d'acceptation	Texte	La date où l'article a été accepté par la revue
Date de disponibilité sur le net	Texte	La date où l'article est devenu disponible sur le net
Date de réception après révision	Texte	La date de réception de l'article après la levée des réserves soulevées par la revue aux auteurs de l'article de recherche
Mots-clés	Texte	Les mots clés en référence au thème traité dans l'article de recherche
Auteur	Texte	Liste des auteurs qui ont élaboré l'article de recherche.

Tableau IV-2 : Description des champs de la table Article.

Nom de la Table :	**Auteur**	
Description de la Table :	Utilisée pour la sauvegarde des données sur les auteurs d'article de recherche	

Nom du champ	Type de données	Description du champ
Nom	Texte	Le nom de l'auteur
Prénom	Texte	Le prénom de l'auteur
Institut	Texte	L'institut de l'auteur
Département	Texte	Le département de l'auteur
Université	Texte	L'université de l'auteur
Adresse	Texte	L'adresse de l'auteur
Téléphone	Texte	Le téléphone de l'auteur
Fax	Texte	Le fax de l'auteur
E-mail	Texte	L'adresse électronique de l'auteur

Tableau IV-3 : Description des champs de la table Auteur.

Nom de la Table :	**Type poutre**	
Description de la Table :	Elle contient les types de poutres possibles dans un essai	

Nom du champ	Type de données	Description du champ
ID-type poutre	Texte	Le code ID du type de poutre
Type poutre	Texte	Le type de poutre

Tableau IV-4 : Description des champs de la table Type poutre.

Nom de la Table :	**Type chargement**	
Description de la Table :	Elle contient les types de chargements possibles dans un essai	

Nom du champ	Type de données	Description du champ
ID-chargement	Texte	Le code ID du type de chargement
Type-chargement	Texte	Le type de chargement

Tableau IV-5 : Description des champs de la table Type Chargement.

Nom de la Table :	**Type Section**	
Description de la Table :	Elle contient les types de section transversale possibles dans un essai	

Nom du champ	Type de données	Description du champ
ID-Type Section	Texte	Le code ID du type de section transversale du spécimen
Type de section	Texte	Le type de section transversale

Tableau IV-6 : Description des champs de la table Type Section.

Nom de la Table :	**Type Eprouvettes Béton**	
Description de la Table :	Elle contient le type d'éprouvette de béton qui a servi dans l'essai d'écrasement pour l'acquisition de la valeur de résistance caractéristique à la compression du béton	

Nom du champ	Type de données	Description du champ
ID-Eprouvette	Texte	Le code ID du type d'éprouvette
Forme	Texte	La forme de l'éprouvette
Diamètre	Numérique	Le diamètre de l'éprouvette cylindrique exprimé en (mm)
Hauteur	Numérique	La hauteur de l'éprouvette cylindrique (mm)
Arête	Numérique	Le coté de l'éprouvette cubique (mm)
Age-démoulage	Numérique	Le nombre de jours, depuis le coulage, à la date de démoulage de l'éprouvette
Temp-conserv	Numérique	La température de conservation de l'éprouvette en (C°)
Humidité-conserv	Numérique	Le taux d'humidité environnante de conservation de l'éprouvette en (%)
Résistance de compression à 28j	Numérique	La résistance à la compression du béton à 28 jours d'âge, exprimée en (MPa)

Tableau IV-7 : Description des champs de la table Type Eprouvettes Béton.

Nom de la Table :	**PRF**	
Description de la Table :	Utilisée pour la sauvegarde des données sur le renfort PRF	

Nom du champ	Type de données	Description du champ
ID-PRF	Texte	Le code ID du PRF
Type-fibres	Texte	La nature des fibres utilisées pour la fabrication du PRF (carbone, verre ou aramide)
Orientation des fibres	Texte	Le type d'orientation des fibres au sein du renfort PRF (unie ou multidirectionnelle)
Taux des fibres dans le PRF	Numérique	Le taux en surface de la section transversale des fibres par rapport à la section transversale globale du renfort PRF exprimée en (%)
Type-résine	Texte	Le type de la résine utilisée comme matrice pour la liaison des fibres au sein du renfort PRF
Forme-PRF	Texte	La forme du renfort PRF (jonc, lamelles rectangulaire…)
Diamètre barres PRF rond	Numérique	Le diamètre des renforts PRF sous forme de barres rond (jonc) exprimé en (mm)
Largeur-Max barres PRF trapèz	Numérique	La grande largeur des renforts PRF à section transversale trapézoïdale (mm)
Largeur-Min barres PRF trapèz	Numérique	La petite largeur des renforts PRF à section transversale trapézoïdale (mm)
Epaisseur barres PRF trapèz	Numérique	L'épaisseur des renforts PRF à section transversale trapézoïdale (mm)
Largeur lamelles PRF	Numérique	La largeur du renfort PRF à section transversale rectangulaire (mm)
Epaisseur lamelles PRF	Numérique	L'épaisseur du renfort PRF à section transversale rectangulaire (mm)
Etat de surface PRF	Texte	L'état de la rugosité de surface du renfort PRF (lisse, avec verrous, revêtement en sable…)
Résistance-traction-PRF	Numérique	La résistance ultime en traction du renfort PRF (MPa)
Module-élastique-PRF	Numérique	Le module d'élasticité de young du renfort PRF (MPa)
Coefficient de Poisson-PRF	Numérique	Le coefficient de Poisson "v " du renfort
Déformation-rupture-PRF	Numérique	La déformation ultime caractéristique à la ruine du renfort PRF exprimée en (%)
Précontrainte	Case oui/non	Là où on précise si le renfort PRF est précontraint, ou non.
(%) de précontrainte	Numérique	Le taux de la précontrainte que le renfort PRF a subi préalablement, exprimé en (%) de la résistance ultime en traction du renfort

Tableau IV-8 : Description des champs de la table PRF.

Nom de la Table :	**Mode de ruine**		
Description de la Table :	Elle contient les modes de ruine possibles du spécimen dans un essai		

Nom du champ	Type de données	Description du champ
ID-mode-rupture	Texte	Le code ID du mode de ruine
Mode rupture	Texte	Le mode de ruine observé

Tableau IV-9 : Description des champs de la table Mode de ruine.

5. DESCRIPTION DU LOGICIEL :

Le logiciel comporte deux parties. La première concerne la mise à jour des données expérimentales ; la seconde l'exploitation et l'analyse de ces données. Ces deux parties sont accessibles à partir d'un menu principal (voir figure **IV-1**). Un fichier d'aide est également joint au logiciel.

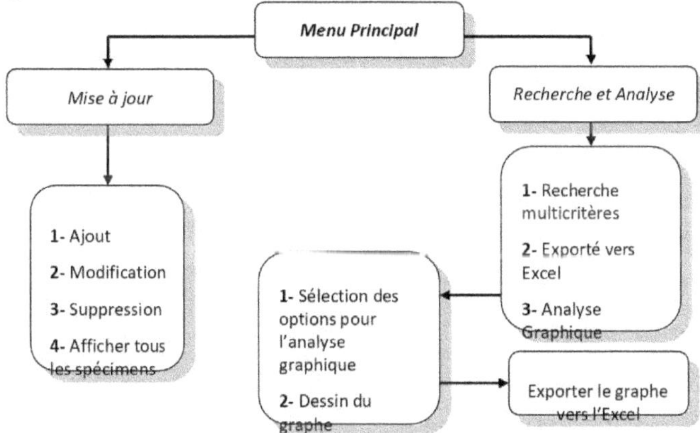

Figure IV-1 : Organigramme des différents modules du logiciel.

5.1. Mise à jour des données expérimentales :

Une fenêtre est développée pour l'ajout, la modification et la suppression des spécimens, et pour faciliter la recherche d'un spécimen particulier pour le modifier ou le supprimer. Une autre fonction est ajoutée, qui permet l'affichage de la liste complète des spécimens dans une fenêtre à part où nous pouvons sélectionner un seul essai et le transférer vers la fenêtre de mises à jours.

Les données seront regroupées comme suit :

a) **Identification du spécimen :** incluant le code spécimen, la date d'essai et l'article de recherche correspondant.

b) **Géométrie du spécimen :** incluant la longueur totale, la portée, le type de la poutre, le type de chargement, le type de la section, la hauteur et la largeur de la section, la largeur de l'âme, largeur de la table de compression pour les sections en "T", ainsi que la hauteur utile de la section.

c) **Les propriétés du béton armé :** incluant la résistance en compression du béton, le module de Young du béton, le type de l'éprouvettes béton, la limite d'élasticité et le module de Young, ainsi que la résistance ultime en traction de l'acier d'armatures, l'aire d'acier des lits d'armatures supérieures et inférieures.

d) **Les données de fatigue :** incluant les niveaux de chargement cycliques supérieur et inférieur, la fréquence du chargement cyclique et le nombre de cycles.

e) **les données du PRF :** incluant le type et l'orientation des fibres, le taux des fibres dans le renfort PRF, le type de la résine constituante du PRF, la forme du PRF, le diamètre du renfort PRF en barres rondes, l'épaisseur et la largeur du renfort PRF en lamelles, la grande et la petite largeur ainsi que l'épaisseur du renfort PRF en barres trapézoïdales, l'état de surface du PRF. Ça inclut aussi la résistance ultime en traction, le module de Young, le coefficient de Poisson, ainsi la déformation ultime du renfort PRF, en trouve également le taux de la précontrainte du PRF.

f) **La configuration de la technique NSM :** incluant le nombre des engravures, la largeur et la profondeur de l'engravure, la distance entre axes des engravures, la profondeur du renfort PRF, le type d'ancrage des extrémités du renfort PRF, la longueur du PRF, ainsi que la longueur du renfort non liée au béton.

g) **Les propriétés du matériau de remplissage (MR) :** incluant la nature du MR, les résistances en compression, traction, et en cisaillement, ainsi que la résistance de collage du MR, ça inclut également le module de young et la déformation ultime.

h) **Les résultats obtenus à l'issue du test :** incluant le mode de rupture observé, le gain en charge, le moment ultime résistant, le gain en capacité flexionnelle, la flèche plastique et la flèche ultime de la poutre spécimen, ainsi que la déformation ultime effective à la rupture du renfort PRF au sein de la poutre.

Chaque spécimen sera identifié par un code unique, et pour faciliter la saisie des données et éviter les erreurs de frappe, des listes de sélection prédéfinis ainsi que des choix sous forme d'options seront utilisés dans la conception de la fenêtre des mises à jour.

Comme il est possible de rencontrer des essais incomplets à intégrer dans notre base de données on permettra la saisie de **N/A** dans les champs numériques. Toutes les données seront validées avant de les sauvegarder et des messages d'erreur seront affichés pour signaler toute saisie incomplète.

La figure suivante, montre la structuration de la fenêtre des mises à jour.

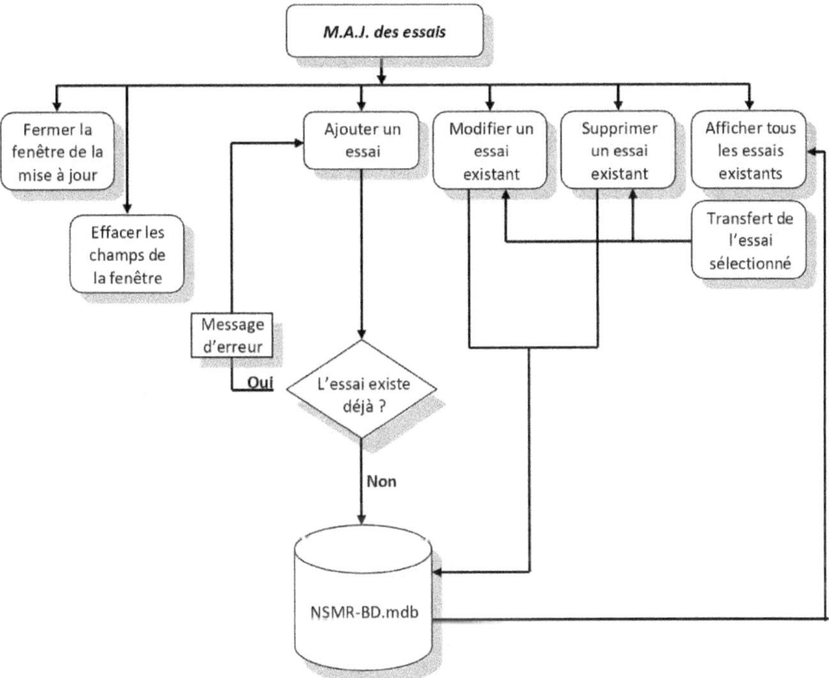

Figure IV-2 : Organigramme des mises à jour des données expérimentales.

5.2. La recherche multicritères :

Pour une exploitation optimale des données, quatorze options de recherches qui peuvent être combinées sont disponibles dans la fenêtre de recherche (voir *figure IV-3*) sous forme de listes de choix prédéfinis.

Les critères de recherche suivants, ont été choisis en fonction de leur importance dans le comportement en flexion des poutres en béton armé renforcées par matériaux composites en PRF-NSM :

a) La liste des modes de rupture :
    a. Décollement du béton d'enrobage (concrete peeling off)
    b. Décollement du PRF (FRP pull-out)
    c. Rupture du renfort PRF
    d. Ecrasement du béton comprimé
    e. Rupture par cisaillement (shear-compression failure)

b) La liste des types de poutres :
   a. Poutre à simple travée
   b. Poutre continue
   c. En porte à faux

c) La liste des types de section de poutres :
   a. Rectangulaire
   b. En "T"

d) La liste des types de chargement appliqués :
   a. Statique monotone
   b. Autres

e) La liste des formes du PRF :
   a. Lamelles rectangulaires
   b. Barres rondes
   c. Autres

f) La liste des nombres de renfort PRF :
   a. 1
   b. 2
   c. 3
   d. Plus de 3

g) La liste de la précontrainte du renfort PRF :
   a. PRF précontraint
   b. PRF non précontraint

h) La liste de la fatigue préalable des poutres :
   a. Poutre préalablement fatiguée
   b. Poutre non fatiguée

i) la liste des portées de la poutre :
   a. $L \leq 100$ cm
   b. $100 < L \leq 200$ cm
   c. $200 < L \leq 300$ cm
   d. $L > 300$ cm

j) La liste des hauteurs de section des poutres :
   a. $h \leq 150$ mm
   b. $150 < h \leq 200$ mm
   c. $200 < h \leq 300$ mm
   d. $300 < h \leq 400$ mm
   e. $h > 400$ mm

k) La liste de la résistance en compression du béton :
   a. $f_c \leq 20$ MPa
   b. $20 < f_c \leq 30$ MPa

    c. $30 < f_c \leq 40$ MPa
    d. $40 < f_c \leq 50$ MPa
    e. $f_c > 50$ MPa

l)   La liste de la limite élastique de l'acier :
    a. $f_e \leq 400$ MPa
    b. $400 < f_e \leq 500$ MPa
    c. $500 < f_e \leq 600$ MPa
    d. $f_e > 600$ MPa

m) La liste des types d'ancrage du renfort PRF :
    a.   Sans ancrage
    b.   Ancrage par l'appui
    c.   U-type metal fitting
    d.   Mechanical interlocking transversal grooves
    e.   Autres

n) La liste des types (nature) des fibres du PRF :
    a.   Fibres de carbone
    b.   Fibres de verre
    c.   Fibres d'aramide

On offre aussi la possibilité d'afficher tous les essais de la base de données. Les résultats de la recherche multicritères sont affichés dans une grille, ils peuvent être sauvegardés dans un fichier Excel. Le nombre de spécimens qui satisfont les critères de recherche ainsi que le pourcentage par rapport au nombre total des essais existants sont affichés en bas de l'écran de recherche.

La figure IV-3 suivante schématise l'organisation du module recherche multicritères :

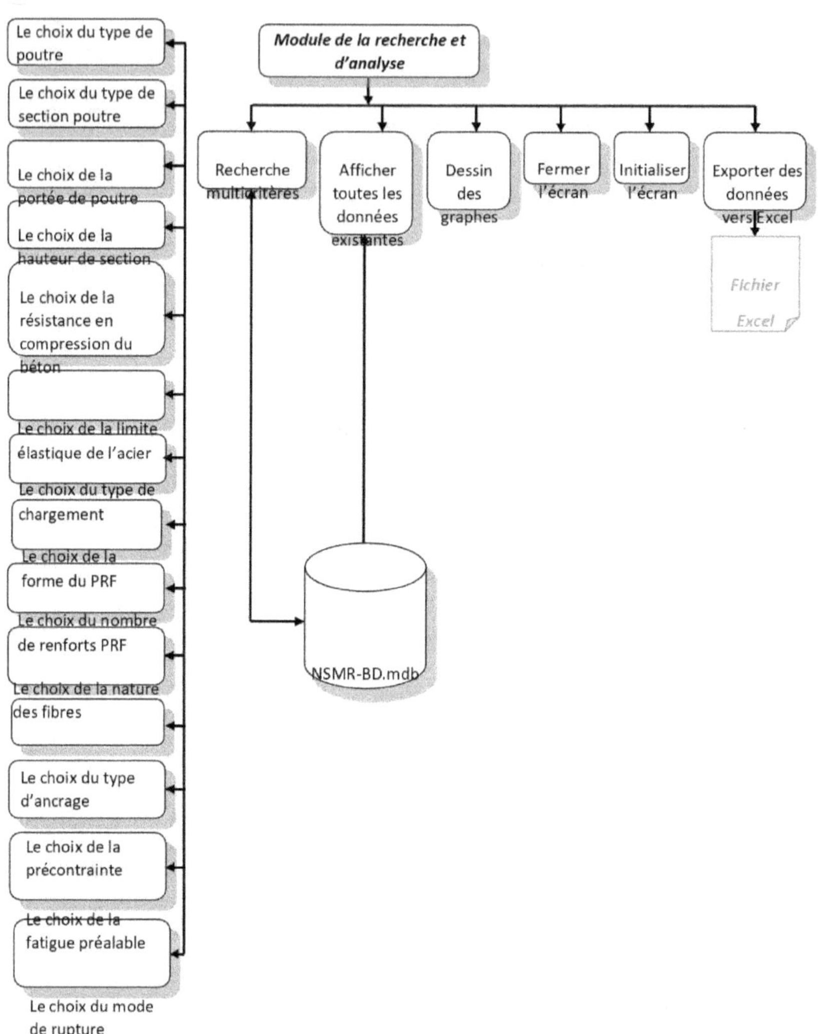

Figure IV-3 : Organigramme de la recherche multicritères.

5.3. L'Analyse graphique :

Pour analyser les résultats de la recherche précédente (la recherche multicritères) sous forme de graphes, le logiciel donne la possibilité de choisir les séries qui peuvent être représentées sur le même graphe, ainsi que le choix de ce qui peut être représenté sur les axes des abscisses et des ordonnées.

5.3.1. Le choix des séries :

Parmi les paramètres d'influences majeurs dans le comportement en flexion des poutres renforcées par PRF NSM, on trouve la longueur du renfort, le mode de rupture, et les différentes configurations du renfort NSM. C'est pour cette raison que le logiciel est conçu pour donner la possibilité de choisir des séries à partir de ces paramètres, ainsi on aura une analyse plus détaillée de ces données expérimentales avec plusieurs combinaisons entre les différents types de chaque paramètre d'influence.

Quand le mode de rupture sera sélectionné dans la liste, une ou toutes les options suivantes peuvent être choisies :

- Décollement du béton d'enrobage (concrete cover peeling-off),
- Décollement du PRF (PRF pull-out),
- Rupture du PRF,
- Ecrasement du béton comprimé,
- Rupture par Cisaillement (shear-compression failure),
- Dépassement du seuil limite de flèche à mi-travé,
- Séparation de l'ensemble PRF-MR du béton.

Egalement, pour le choix du type d'ancrage, une ou toutes les options suivantes peuvent être choisies :

- Néant,
- Blocage par tôle métallique en « U »,
- Par appuis,
- Blocage mécanique par engravures transversales

5.3.2. Données sur l'axe des ordonnées « Y » :
- Charge
- Moment fléchissant

5.3.3. Données sur l'axe des abscisses « X » :
- Déplacement à mi-travée
- Déformation effective du renfort PRF
- Déformation en traction des armatures tendues
- Déformation du béton comprimé

5.3.4. Dessin du graphe :

Après avoir vérifié que toutes les options ont été choisies y compris la/les séries, les données à représenter sur les axes X et Y, un graphe est dessiné. Les données à partir desquelles le graphe a été généré sont aussi affichées en bas de l'écran. On offre également la possibilité de sauvegarder le graphe et les données dans un fichier Excel.

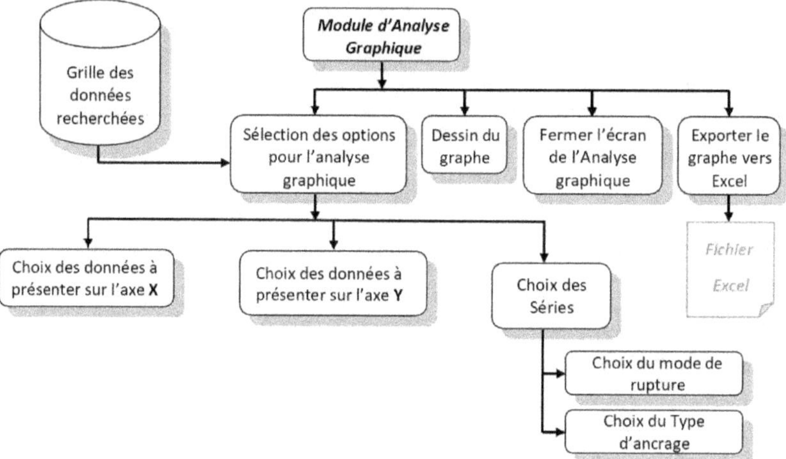

Figure IV-4 : Organigramme de l'analyse graphique des données recherchées.

CHAPITRE V :

FONCTIONNEMENT DU LOGICIEL

GEBD-NSM

1. ENVIRONNEMENT REQUIS :

Cet outil a été conçu pour fonctionner sur un poste de travail utilisant un système d'exploitation Windows. L'installation de Microsoft Excel est obligatoire pour la création des graphes et l'exploitation des résultats. Un minimum d'espace disque de 20 Méga octets ainsi que 512 Méga octets de mémoire sont indispensables pour l'installation et l'utilisation du logiciel.

2. INSTALLATION :

Pour installer le logiciel, on peut exécuter le fichier d'installation ou tout simplement copier les fichiers suivants dans un même répertoire et créer un raccourci pour lancer l'outil :

- GEBD-NSM.exe : le fichier exécutable,
- NSMR-BD.mdb : la base de données des essais expérimentaux existants,
- SAVEXPORTMODEL.xls : le fichier modèle pour la sauvegarde des données,
- GEBD-NSM-Help.chm : le fichier d'aide pour l'outil de gestion et d'exploitation des données expérimentales.

3. FONCTIONNEMENT DU LOGICIEL :

Dans cette partie, on va présenter le fonctionnement en détail de cet outil y compris la mise à jour, la recherche multicritères ainsi que l'analyse graphique.

Le menu principal (voir figure V-1) comporte les trois boutons suivants : « MAJ des données », « Recherche & Analyse » et « Exit ». Ce dernier bouton sert à fermer l'application après avoir validé un message de confirmation, également deux menus sont insérés « GEBD-NSM » qui inclut trois options (MAJ des données, Recherche & Analyse, Exit) et le menu « Help » qui inclut le fichier d'aide et le fichier à propos de l'outil GEBD-NSM (voir figure V-10).

Figure V-1 : Menu principal.

Quand on clique sur le bouton de « MAJ des données », l'écran des mises à jours des essais est affiché (voir la figure V-2) pour saisir toutes les données d'un essai (géométrie, propriétés des matériaux utilisées...). Pour faciliter la saisie, des listes de sélection ont été placées, celles-ci comportent les différentes possibilités d'un paramètre. Exemple pour le type de fibres utilisées, nous allons choisir entre les trois types qui existent (Aramide, Carbonne, Verre), les données dans ces listes sont prédéfinies pour aider l'utilisateur dans son choix. Avant toute mise à jour, l'utilisateur doit remplir tous les champs non-remplis. Dans le cas où la donnée n'est pas disponible on doit saisir « N/A ». Des messages d'erreurs sont affichés pour indiquer les données incorrectes ou les champs non remplis. Le symbole décimal à utiliser (virgule ou points) est affiché dans une note en haut de l'écran, celui-ci dépend de la configuration du poste de travail.

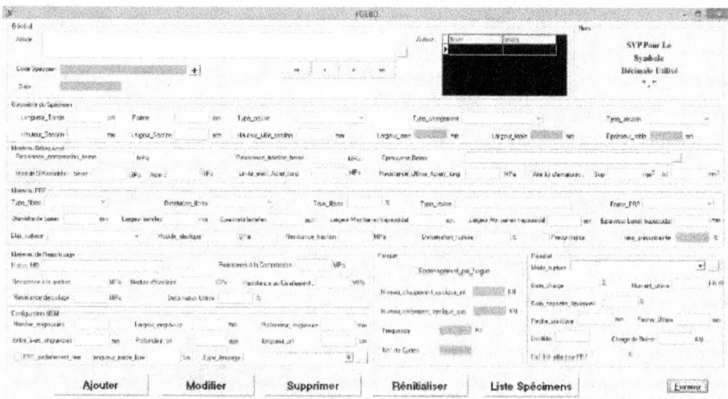

Figure V-2 : Fenêtre de Mise à jour des données d'un essai.

Après tout ajout ou modification d'un essai, des messages sont affichés pour informer l'utilisateur que la sauvegarde a été faite avec succès. Avant toute suppression d'essais, un message de confirmation est affiché.

Comme il est difficile de se rappeler les codes des essais pour les afficher afin de les modifier, l'utilisateur dispose d'un bouton « Afficher la liste des spécimens » qui permet d'afficher tous les essais disponibles dans une autre fenêtre (voir figure V-3). Un seul essai peut être sélectionné à la fois et le transférer vers l'écran des mises à jours (voir figure V-4). Dans le cas où l'utilisateur a sélectionné plusieurs essais, un message d'erreur est affiché.

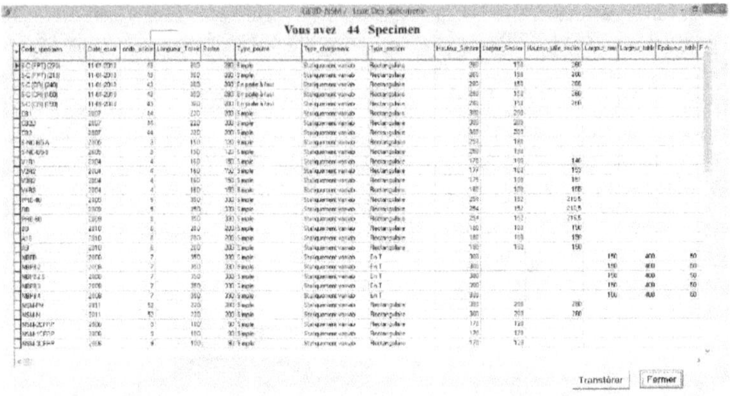

Figure V-3 : Affichage de la liste des essais existants.

Vu que les essais sur les poutres en béton armé renforcées en flexion avec des matériaux composite sont effectuées en série qui contient plusieurs spécimens avec les même propriétés dans la plus part des cas, on a laissé les données d'un essai ajouté dans les champs de la fenêtre de la mise à jours pour d'autres ajouts. On peut à tout moment initialiser l'écran en utilisant le bouton « Initialiser l'écran ». En fermant cette fenêtre, on retourne au menu principal.

Figure V-4 : Transfert de l'essai sélectionné.

A partir du menu principal (voir figure V-1), quand on clique sur le bouton « Recherche & analyse », la fenêtre des recherches s'ouvre. Celle-ci permet d'effectuer diverses recherches avec une combinaison de plusieurs critères à la fois (voir figure V-5). Ces critères sont présentés sous forme des listes de sélection prédéfinies.

Pour une analyse plus détaillée des données expérimentales, ces listes comportent les paramètres qui ont une influence majeure sur le comportement en flexion des poutres en béton armé renforcées à l'aide des matériaux composites suivant la technique NSM. Les données recherchées sont placées dans la grille avec les entêtes appropriés à chaque donnée.

Dans la même fenêtre, on a placé d'autres boutons : « Afficher tous » pour visualiser tous les essais disponibles dans la base de données, « Vider les champs » pour initialiser les champs de la fenêtre afin de permettre une nouvelle recherche, « Exporter vers Excel » pour la sauvegarde des résultats de la recherche qui se trouvent dans la grille. Si la grille est vide, un message d'erreur est affiché pour annuler l'exportation des données. Un message de confirmation est présenté à la fin du processus d'exportation.

Le nombre d'essais trouvés qui répondent aux critères de recherche ainsi que le pourcentage par rapport au total des essais disponibles dans la base de données sont affichés en bas de la fenêtre (voir figure V-5).

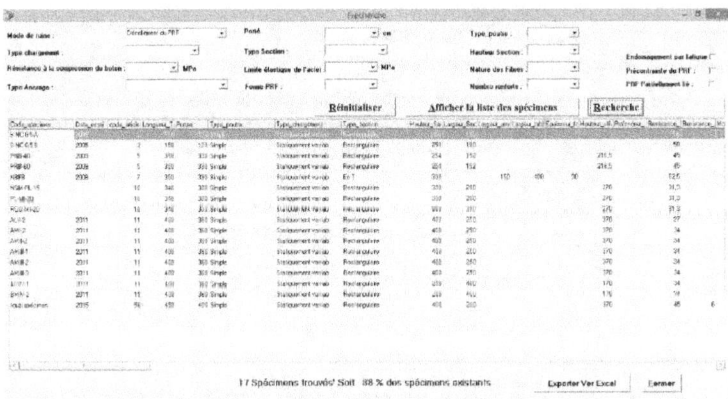

Figure V-5 : Fenêtre de la Recherche Multicritères.

Dans le fichier de sauvegarde des données, on a mis le nom du programme, la date de la recherche, les critères de recherche et les essais trouvés. Pour les options de recherche non-utilisés, la note 'Non spécifié' est écrite dans les cases de ces critères (voir figure V-6).

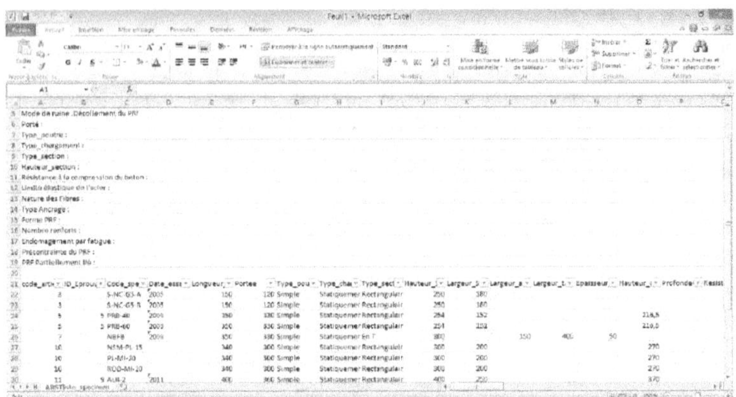

Figure V-6 : Fichier Excel pour la sauvegarde des données expérimentales recherchées/sélectionnées.

Une fois les résultats de la recherche affichés dans la grille, le bouton « Options graphiques » devient visible sur la fenêtre de la recherche (voir figure V-5) et différents choix pour l'analyse graphique sont alors affichés. Trois parties distinctes sont disponibles pour le choix : des séries, des données à présenter sur l'axe des abscisses et des données à présenter sur l'axe des ordonnées (voir figure V-7).

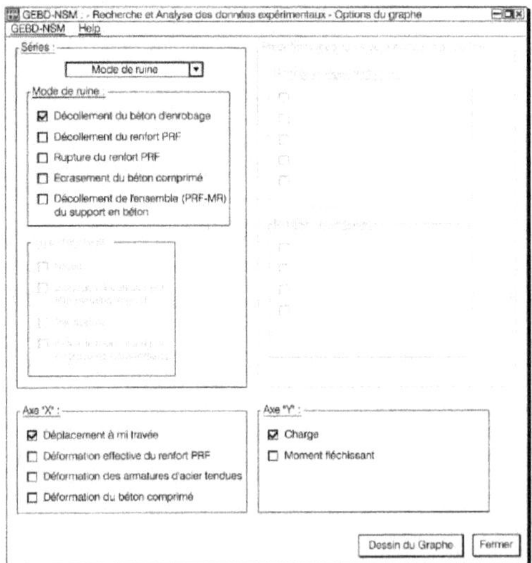

Figure V-7 : Fenêtre des Options pour l'analyse graphiques.

Pour le choix des séries, le logiciel donne la possibilité de choisir entre le mode de ruine et le type d'ancrage utilisé, et ceci par une liste de sélection appropriée, plusieurs combinaisons peuvent être faites pour le dessin des graphes.

Une fois les options de l'analyse graphique choisies, l'option dessin du graphe affiche la courbe qui répond aux options choisies auparavant.

L'outil offre la possibilité de sauvegarder le graphe dans un fichier Excel, on a également mis les données qui ont servi à la réalisation de cette courbe dans une grille.

En appuyant sur le bouton « Fermer », on retourne à la fenêtre des options d'analyses graphiques.

Un fichier d'aide est inclus dans le logiciel et sera activé par la touche F1 ou à partir du menu Aide.

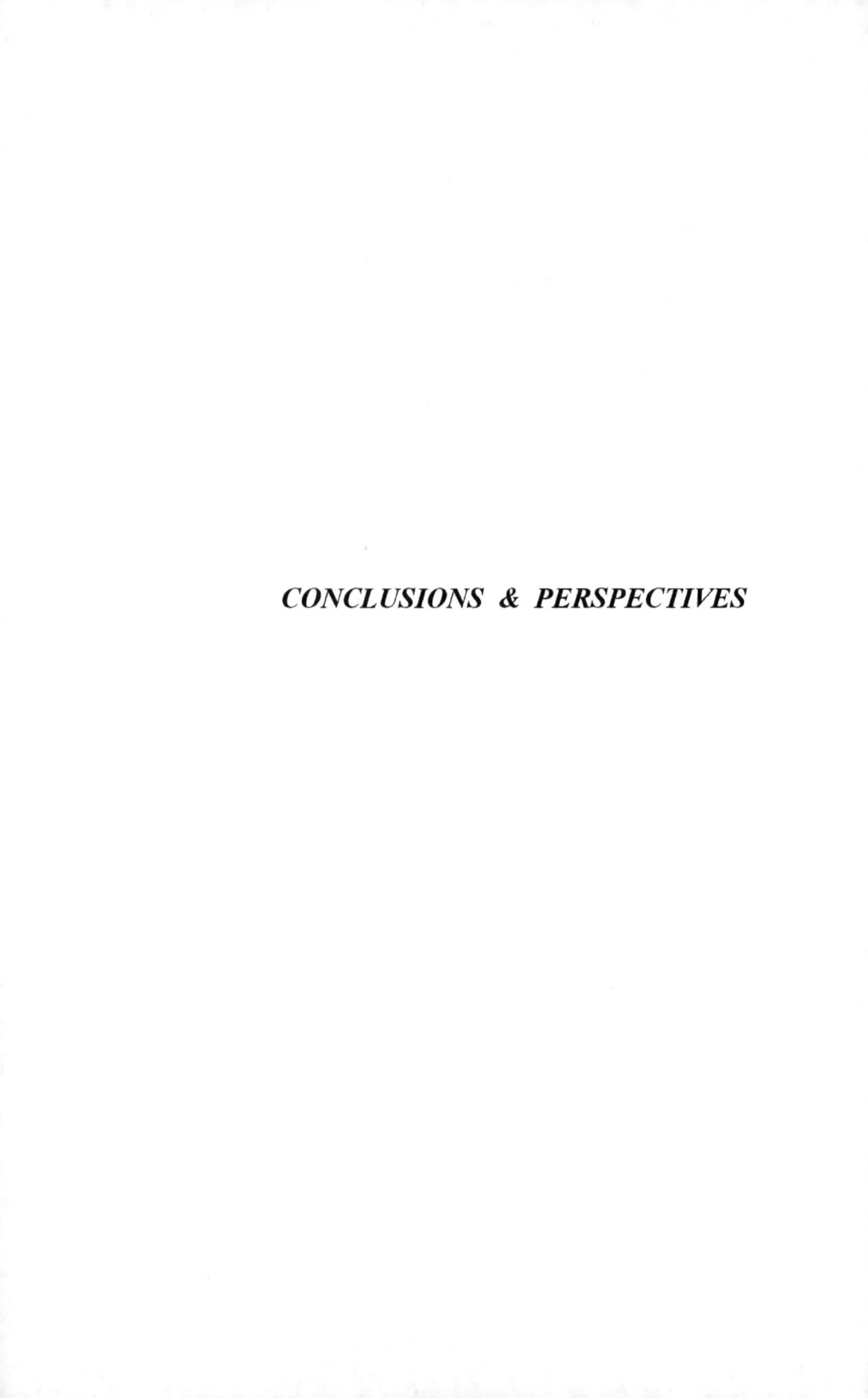

CONCLUSIONS & PERSPECTIVES

Après plusieurs années d'utilisation des matériaux composites dans le renforcement en flexion des structures en béton armé suivant la technique NSM, cette dernière est devenue un champ de recherches très important vu les avantages appréciables qu'elle offre du point de vue économique, environnemental et structurel. Plusieurs investigations expérimentales effectuées dans cet axe, ont abouti à des conclusions intéressantes.

Cependant, l'expansion mondiale de cette technique dépend considérablement de l'information obtenue sur le comportement des structures renforcées et les nouveaux modes de rupture développés dans ces structures.

D'autres travaux expérimentaux doivent être orientés vers ce champ de recherche très complexe, afin d'aider les chercheurs à créer et améliorer les prescriptions réglementaires en vigueur et les rendre encore plus sûrs et économiques.

L'objectif principal de la présente étude est de développer un outil informatique pour la gestion et l'exploitation des données expérimentales concernant le renforcement en flexion des poutres en béton armé suivant la technique NSM.

Pour atteindre cet objectif, la présente étude englobe deux grands volets. Le premier comporte une synthèse bibliographique sur les recherches expérimentales concernant le comportement des poutres en béton armé (BA) renforcées en flexion à l'aide des matériaux composites avancés (MCA) suivant la technique NSM, et la présentation de la base de données élaborée à l'issue de cette recherche bibliographique. Le second est consacré à la conception et le fonctionnement de l'outil informatique développé dans le cadre de la présente étude.

La présente étude, consacrée en grande partie au développement de l'outil de gestion et d'exploitation des données expérimentales, se veut un support appréciable aux chercheurs.

Effectivement, l'outil développé dans le cadre de cette étude offre une gestion efficace et une exploitation poussée des données expérimentales de la base de données élaborée.

Spécifiquement, cet outil permet :

- La mise à jour des données expérimentales (ajout, modification et suppression),
- La possibilité d'effectuer des recherches multicritères avec la possibilité de sauvegarder les résultats des recherches dans un fichier MS Excel,
- La possibilité de représenter graphiquement les paramètres d'influence ainsi que des données expérimentales.

C'est un outil très utile pour l'analyse des différents résultats des essais existants. Par ailleurs, une bonne interprétation des différents graphes réalisés à l'aide du logiciel permet de distinguer avec certitude les paramètres majeurs qui influent à la résistance en flexion des poutres en béton armé renforcées à l'aide des matériaux composites suivant la technique NSM.

Ceci étant dit, les mises à jour pour les versions futures de cet outil peuvent être résumées comme suit :

- Inclure des normes et des modèles analytiques pertinents dans l'analyse des données expérimentales, afin de permettre aux chercheurs de faire la comparaison entre la théorie et l'expérimental,

- L'enrichissement de la base de données, par l'ajout des essais récents sur le renforcement des poutres BA à l'aide de matériaux composites avancés suivant la technique NSM,

- Ajouter d'autres paramètres pour l'analyse graphique des données expérimentales,

- Elargir la base de données de recherche pour d'autres procédés de renforcement en flexion des poutres BA à l'aide de MCA, tel que la technique EBR.

REFERENCES BIBLIOGRAPHIQUES

[01] Merdas Abdelghani. Contribution à l'étude de l'adhérence renfort-béton et du comportement des poutres en BA renforcées par PRFC utilisant la technique NSM. Thèse de doctorat présentée au département de génie civil à l'Université FERHAT ABBAS-Sétif 2012.

[02] Aribia Karima. Gestion et exploitation d'une base de données expérimentales pour le renforcement en cisaillement à l'aide de MCA. PFE présenté à l'école de technologie supérieure, Université de Québec Montréal, le 17 octobre 2007.

[03] Advisory committee on technical recommendations for construction. Guide for the design and construction of Externally Bonded FRP Systems for Strengthening Existing Structures. Rome – CNR-DT 13th july 2004.

[04] ISIS CANADA. Renforcement externe de structures en béton armé à l'aide de polymères renforcés de fibres. ISIS-M04-F février 2002.

[05] P.HAMELIN – E.FERRIER. Réparation et renforcement des structures en béton au moyen des matériaux composites. Recommandations provisoires. AFGC, Décembre 2003.

[06] Firas Al-Mahmoud, Arnauld Castel, Raoul François, Christian Tourneur. RC beams strengthened with NSM CFRP rods and modeling of peeling-off failure. Composite Structures 92 (2010) 1920-1930.

[07] Ha Gee-Joo, Kim Yun-Yong, Cho Chang-Geun. Groove and embedding techniques using CFRP trapezoidal bars for strengthening of concrete structures. Engineering Structures 30 (2008) 1067-1078.

[08] W.C. Tang, R.V. Balendran, A. Nadeem, H.Y. Leung. Flexural strenghening of reinforced concrete beams with near-surface mounted GFRP bars. Building and Environnement 41 (2006) 1381-1393.

[09] Joaquim A.O. Barros, Débora R.S.M. Ferreira, Adriano S. Fortes, Salvador J.E. Dias. Assessing the effectiveness of embedding CFRP laminates in the near surface for structural strengthening. Construction and Building Materials 20 (2006) 478-491.

[10] Moataz Badawi, Khaled Soudki. Flexural strengthening of RC beams with prestressed NSM CFRP rods – Experimental and analytical investigation. Construction and Building Materials 23 (2009) 3292-3300.

[11] F. Ceroni. Experimental performances of RC beams strengthened with FRP materials. Construction and Building Materials 24 (2010) 1547-1559.

[12] Han T. Choi, Jeffery S. West, Khaled A. Soudki. Partially bonded near-surface-mounted CFRP bars for strengthened concrete T-beams. Construction and Building Materials 25 (2011) 2441-2449.

[13] José M. Sena-Cruz, Joaquim A.O. Barros, Mario R.F. Coelho, Luis F.F.T Silva. Efficiency of different techniques in flexural strengthening of RC beams under monotonic and fatigue loading. Construction and Building Materials 29 (2012) 175-182.

[14] J.A.O. Barros, S.J.E. Dias, J.L.T. Lima. Efficacy of CFRP-based techniques for the flexural and shear strengthening of concrete beams. Cement & Concrete Composites 29 (2007) 203-217.

[15] W.-T. Jung, Y.-H. Park, J.-S. Park, J.-Y. Kang, Y.-J. You. Experimental investigation on Flexural Behavior of RC Beams Strengthened by NSM CFRP Reinforcements. SP-230-46.

[16] Ki Nam Hong, Jae Won Han, Dong Woo Seo, Sang Hoon Han. Flexural response of reinforced concrete members strengthened with near-surface-mounted CFRP strips. International Journal of the Physical Sciences Vol. 6(5), pp. 948-961, 5 March, 2011.

Mots clés : NSM; PRF; renforcement; matériaux composites; logiciel de gestion; base de données;

www.ingramcontent.com/pod-product-compliance
Lightning Source LLC
Chambersburg PA
CBHW071448130726
47997CB00006B/2285